新时代航天
三大精神
故事汇

中国航天科技集团有限公司党群工作部　编

中国宇航出版社
·北京·

图书在版编目（CIP）数据

新时代航天“三大精神”故事汇 / 中国航天科技集团有限公司党群工作部编. --北京 ：中国宇航出版社，2020.5（2024.5重印）

ISBN 978-7-5159-1782-5

Ⅰ.①新… Ⅱ.①中… Ⅲ.①航天工业－概况－中国 Ⅳ.①F426.5

中国版本图书馆CIP数据核字(2020)第062446号

责任编辑　马　喆　汪秀明
责任校对　刘　凯　　　　装帧设计　宇星文化

出版发行　中国宇航出版社
社　址　北京市阜成路8号　邮　编　100830
(010)60286808　(010)68768548
网　址　www.caphbook.com
经　销　新华书店
发行部　(010)60286888　(010)68371900
(010)60286887　(010)60286804(传真)
零售店　读者服务部
(010)68371105
承　印　天津画中画印刷有限公司

版　次　2020年5月第1版
2024年5月第2次印刷
规　格　710×1000
开　本　1/16
印　张　17.5
字　数　260千字
书　号　ISBN 978-7-5159-1782-5
定　价　88.00元

本书如有印装质量问题，可与发行部联系调换

前言

Preface

伟大的事业孕育伟大的精神，伟大的精神推动伟大的事业。60多年来，在党的领导下，我国航天事业从无到有、从小到大、从弱到强，走出了一条具有鲜明中国特色的发展道路，使我国昂首屹立于世界航天大国之列，并加快向航天强国迈进。在这一光辉历程中，先后培育形成了航天传统精神、“两弹一星”精神和载人航天精神。航天“三大精神”是党的光荣传统和优良作风在航天领域的具体体现，是民族精神和时代精神与航天实践相结合的结晶，是推动航天事业蓬勃发展的力量源泉，是中国航天事业之魂。

中国特色社会主义进入新时代，我国也进入由航天大国迈向航天强国的关键时期。习近平总书记在对航天事业作出的重要指示批示中，多次提出要大力弘扬航天精神，不断攀登航天科技高峰。在以习近平同志为核心的党中央坚强领导下，新时代的中国航天人大力弘扬航天“三大精神”，坚定航天报国志向，坚定航天强国信念，无私奉献，勇往直前。从耄耋之年仍坚守在航天第一线的院士专家，到夜以继日连续奋战攻坚克难的科研人员，再到危急关头为排除故障不惧苦累的技术工人，都义无反顾地贡献着自己的智慧和力量，在建设航天强国的伟大征程中，涌现出许多可歌可泣、感人至深的事迹和故事，丰富和发展了航天“三大精神”的时代内涵。

为深入学习贯彻习近平新时代中国特色社会主义思想，贯彻落实习近平总书记“8·26”重要批示和给参与“东方红一号”任务的老科学家回信要求，更好地在新时代大力弘扬航天“三大精神”，中国航天科技集团有限公司开展了新时代航天“三大精神”故事征集活动，收到了集团公司各单位近300篇投稿。集团公司党群工作部组织筛选了其中的优秀作品，汇编成这本《新时代航天“三大精神”故事汇》。全书分为家国情怀篇、奋斗攻坚篇、创新协同篇、逐梦攀登篇四部分，书中的故事以体现航天“三大精神”新时代内涵为主题，讲述了新时代航天人传承弘扬航天“三大精神”的动人故事，展现了广大航天工作者“发展航天事业，建设航天强国”的时代风貌和突出贡献。

我们相信这本书对新时代航天“三大精神”的传承和弘扬具有重要价值。这些故事将有助于集团公司广大干部职工乃至全社会对航天“三大精神”的理解和感悟，积极营造“发展航天事业，建设航天强国”的良好氛围，不断凝聚实现航天强国梦、实现“两个一百年”奋斗目标和中华民族伟大复兴中国梦的强大力量。

目 录
Contents

家国情怀篇

奋斗攻坚篇

创新协同篇

逐梦攀登篇

家国情怀篇

最后的短信

“改造电缆生产进度怎么样了？”

2012 年 7 月 5 日一早，一部六室陈燕光的同事收到这样一条短信。同事很惊喜：看来陈燕光的手术很成功，他又能关心工程进度了。

“中午在 138（会议室）开会，不回家吃饭，会议管饭。”

2012 年 7 月 5 日中午时分，陈燕光的妻子收到这样一条短信。他的妻子很疑惑：刚做完脑瘤手术的他怎么会去开会呢?

让陈燕光的同事和家人万万没有想到的是，这两条短信，是陈燕光生前发的最后的短信。两天半以后，陈燕光带着对型号任务的无限牵挂，离开了人世，享年 54 岁。

陈燕光的主治医生解释说，患有脑瘤的病人，由于脑部水肿影响神经，经常会出现一些幻觉，一般病人会在幻觉中“回到”自己最放不下的“时刻”或者最关注的事情上。陈燕光最后的两条短信告诉我们，他最放不下的、最关注的还是他的工作。他所说的改造电缆，就是长三甲系列火箭总体网与动力测控系统研制工作。

1981 年，陈燕光从国防科技大学毕业，进入当时的一部一室，从事火箭总体网与动力测试工作，开始了为航天事业奉献的历程。他几乎参与了院所有型号的研制，但却没有过“归零”经历。在航天这种高难度、高风险行业中，这简直不可思议，但陈燕光做到了。他常说：“调试好产品的时候，是我最有成就感的时候。”很少有人知道，为了追求这种“成就感”，他几乎拼尽了全力，下班回到家，他经常累得饭都吃不下，必须在沙发上休息半小时才能缓过劲儿来。

在办公室里，陈燕光是年轻人和蔼可亲的老师。上班时，他经常戴着蓝套袖，拿着“大罐头瓶子”水杯，接满一杯茶水，走到这个人电脑前看看，踱到那个人图纸边瞅瞅，把自己的经验告诉大家，让大家少走弯路。办公室里年轻的同事都非常喜欢他，给他取了个外号——“老会计”。

2012 年 6 月 4 日，陈燕光最后一次来到办公室，平静地告诉大家：因为被确诊为脑瘤，他需要住院治疗，要离开一段时间。平时嘻嘻哈哈的同事瞬间愣住了，陈燕光依旧平静地叮嘱大家，项目进度关系后续发射任务，千万不能拖，但也一定不能因为进度影响了质量……看到很多同事含着眼泪望着自己，陈燕光笑着安慰同事：不要太担心，要安心工作。

在医院里，陈燕光是个“不听话”的病人。医生要求他多卧床休息，然而，只要陈燕光觉得头脑清醒，就会不断梳理工作任务，不时给同事打电话询问工作进展。医生对这个“不听话”的病人也没有办法，只能一遍遍地叮嘱他先保养好身体，才能专心工作。

陈燕光的同事徐晨说：“长三甲系列火箭总体网与动力测控系统研制是陈老师离开工作岗位前最关心的工作，这项工作关系着整个长三甲系列火箭高密度发射任务和流程简化。由于责任重大，在陈老师生病住院期间，我几乎每天都能接到他的电话，他叮嘱我们一定做好过程控制、关注细节质量问题。”

住院期间，陈燕光最精神的时刻就是领导和同事来看他的时候，他和同事们聊工程进度、聊他的经验、聊他工作时的趣事，这时候，他虽然没有戴着蓝套袖，没有端着“大罐头瓶”水杯，但他俨然就是办公室那位“老会计”。

6 月 10 日以后，已经住院治疗一个星期的陈燕光有些呆不下去了。他的妻子回忆说：“那时，他经常出现幻觉，总是告诉我，6 月中旬，他有个任务，需要去趟基地，上次都是别人替他去的，这次可不能再耽误了，手头的工作要给年轻人分配一下……”看着他认真的表情、专心思考的样子，妻子只能诺诺地应着他，却没有办法跟一个出现幻觉的人解释。她多希望此时

陈燕光生前发出的最后两条短信

陈燕光说的话，只是他平时下班累了，在床上休息时的呓语；她多希望陈燕光能在 6 月中旬的时候，健健康康地出差，去忙他永远也忙不完的工作，还能健健康康地回来。然而，眼前的老陈，却像一个不听话的孩子，连在幻觉里都不肯好好地休息。

7 月 7 日，时而清醒时而呓语的陈燕光永远地闭上了双眼，他沉沉地睡去了，也许，只有在这个时候，他才能安心地休息吧。

2013 年 5 月 2 日零时 6 分，长征三号乙遥 25 火箭发射中星十一号卫星圆满成功，陈燕光和他的同事负责的“火箭总体网与动力测控系统”得到验证，这项工作填补了我国运载火箭在动力系统远距离测试发控模式领域的空白。发射效果一如陈燕光想象的好，如果他在天国能看见这一刻，戴着蓝袖套、端着“大罐头瓶”水杯的“老会计”应该是欣慰的吧。

（一院新闻中心　张娟娟）

用平凡守护不平凡

如果我问你，拯救世界的超人应该是什么样，我想你可能会给出这样的答案：他该是蓝紧身衣红披风的打扮，每每在危机关头出现在世人的眼前。若我再多问一句，超人是否真的存在，那你可能会笑着摇一摇头。但是如果你问我，我会肯定地告诉你，“超人”是存在的，但是，他看起来只是平凡的样子：他高个儿，清瘦，笑容如冬日里清晨的阳光，给人一种清澈的温暖，看起来并不像超人一样力大无穷；他也不会在危机关头立刻出现，而是每天准时出现在单位的工位上。是的，他并不能够拯救世界，但是对于他身边的人来说，他就是“超人”。

他是张宏宇，从事航天武器型号结构强度设计工作十一年。因为工作性质的原因，他跟很多航天人一样，日复一日默默奉献在一线，成就着平凡世界里不平凡甚至是惊天动地的梦想。因为他相信，每个人如果都有自己的梦想，在各行各业努力实现梦想，这个国家就会变得无比强大。正所谓，大鹏一日同风起，扶摇直上九万里。

当型号研制面临困难时，张宏宇是定海神针，只要他在，同事们就不会慌张。在某型号空气舵和某型号复合材料镶嵌板的热应力分析过程中，面对应力极难准确分析的困难，他从热变形、热匹配角度入手，经过对层层结构的分析，发现了热应力的主要来源，获得了接近真实热应力分布的结果，从而有力推动了专业能力的提升。正如他常常说的：“再难，也要保证工作质量！”在一次质量复查工作中，张宏宇按照总体要求对某结构安装方案能否适应发动机变形问题进行分析，发现了可能导致飞行试验失败的问题，为了

深夜中依旧精力满满、追求工作极致的“超人”

排除隐患、降低风险，他带领专业队伍连夜集智攻关，对传力路径的每个环节进行细致分析，最终找到了稳妥、可靠、便捷的解决措施，确保了工作按时推进及试验的圆满成功。

对于新入职的航天新兵，张宏宇是良师益友，除了生活上的嘘寒问暖，更多的是专业上的倾囊相授。比起直接告知问题的具体解决方法，他更愿意“授之以渔”。“搞清楚传力路径”“不懂就问，千万别嫌麻烦”，这是宏宇最常说的两句话。他说自己常常在想，每个专业都有自己的核心，也就是精髓所在，抓住了核心就等于解决了问题的一半，保证了大方向正确；而要想抓住问题的核心，就必须具备扎实的力学理论基础并进行大量的实际案例分析，在实践中快速提升能力，从而能够拨开复杂问题的层层迷雾，更能够将复杂问题抽象化、简单化，运用工程的方法予以解决。

在研究室的同事心中，张宏宇是灯塔一般的存在，他从建所到现在一直默默地守候。同事们发自内心地佩服，更多的是好奇，好奇他凭借什么一直坚守？好奇他如何做到没有一天松懈，将所有的工作都完成得十分完美？难道他真的如同“超人”一般，不食人间烟火，而又拥有超能力？观察的多了，同事们才发现，“超人”并非不食人间烟火。他对工作尽职尽责，勇于担当，在加班车证的登记册上，他的名字排在第一；在优秀党员的推荐名单里，他名列前茅。与此同时，老人的病床前，有他守护的身影；孩子临睡前，也总能等到爸爸的睡前故事。他用自己对工作的敬畏、对生活的热爱，言传身教，传承着新时代航天人的精神内涵。

铁血男儿勇担当，刚毅坚韧铸辉煌。在航天科技工作者的平凡世界中，或许没有镜头前的亮丽风光，但他们却在十年如一日的坚持中，实现着自己的航天梦想。在迈向航天强国建设的新征程中，有无数个张宏宇，用自己的专业素养攻克世界级难题，用自己的小宇宙平衡着事业与家庭，用自己的热血与梦想汇聚起建设航天事业的洪荒力量。他们的超能力不是别的，就是铭刻在航天人骨血里的航天“三大精神”，不辞辛劳、不计荣辱、默默耕耘、守望花开。

“在某种意义上，人生是一个圆，历史是一个圆。改变只是外在，本质一如既往，所谓大道至简，终归一脉”，张宏宇曾如是评价他深耕的专业领域。航天人的初心与使命，在新的时代有新的内涵与新的表现，但那份对伟大事业的守护，或许平凡，但终不会变。

（一院 10 所　陈爽 陈岩）

守候“功勋电炉”的航天人

在距西安50多千米的蓝田辋川秦岭山中，至今仍有一部分航天人筚路蓝缕，继续践行着属于新时期的“航天精神”。四院7414厂四车间大件热处理组的14名成员，就是这些为数不多的继续守候在大山里的航天人。

留守大山 无悔选择

在7414厂秦岭山里老厂区一座沿河沟建起的高大厂房里，矗立着一座令四院人引以为豪的“亚洲第一炉”。作为四院型号生产线上的标志性设备之一，虽然近40年过去了，联合井式电炉机组依然雄风不减。

联合井式电炉机组于20世纪70年代后期建成并投入使用，由预热炉、淬火炉、回火炉、温度控制系统、供气系统等组成，主要承担着多种型号发动机金属壳体和大型金属件的退火、淬火、回火等热处理任务。20世纪90年代中期，按照国家三线调迁计划，7414厂主体随四院由蓝田山里搬迁到西安东郊田王地区。但由于各方面原因，联合井式电炉机组却依然留在了大山深处，一如既往地履行着自己的使命，为国防现代化建设继续“燃烧”着。2002年5月，四院党委在为型号产品研制生产作出突出贡献的关键重点设备“树碑立传”时，联合井式电炉机组被光荣地命名为“功勋电炉”。

如今，当人们的生活和工作环境越来越好时，当昔日的生活场景成为人们茶余饭后的谈资和回忆时，联合井式电炉机组的操作者——7414厂四车间大件热处理组的职工，却仍然在这种“黑白照片的环境”中工作和生活着。这些职工每天有近四分之三的时间都是在这里度过的，他们早上六点多就要起床乘车进山，晚上早则七八点，晚则夜里 12 点甚至 1 点多才回家。而任务繁忙时，在山里连续一待就是好几天，甚至半个月，白天晚上连轴转，有时双休日和节假日也要全部搭进去。

常年在山里工作，使大件热处理组的职工承受着一种无形的压力：孩子在城里上学的，每天要急急火火地赶第一班公交回来进山；孩子小的，只能将孩子托付给老人或朋友照顾；老人生病的，也不能及时赶回来照顾，尽一份孝心……

不仅如此，这些职工还要忍受常人难以想象的艰苦环境和清苦生活，夏天厂房平均气温接近 40 摄氏度，靠近产品工作更是烤得满脸发烫；冬天气温常常在零下七八摄氏度，甚至零下 10 摄氏度以下，生产用水常常要凿开厚厚的冰层。流经厂区的辋峪河水，尽管遇到多雨或冰雪融化的季节便浑浊不堪，但过去尚能凑合饮用。近些年因上游修建水库，河水一直处于污染状态，别说饮用，就连用河水洗过的软料工服晒干后都会发硬。无奈只能从山外购买桶装水用通勤车捎进去饮用，至于洗菜、淘米、做饭用水，小组要到几里外的村子里拉水解决。他们的厨房，就是厂房地下室废弃的房间，主厨则由班组 10 多名职工，根据工作情况轮流当班……

刚开始，家属们对于这群抛家舍业的人并不理解，但进山“探班”，看

大件热处理组职工在翻转坑中对即将入炉的产品做吊装前准备

到山里艰苦的工作环境时，家属们被感动了。“到山里体验后，我才理解了他们这种坚守精神有多么的可贵，与世俗的追名逐利是多么的不一样。”一名职工家属说。

克艰攻险 永葆本色

“预防为主、过程控制、关注细节、一次成功”一直是大件热处理组秉承的工作理念。迄今为止，班组已经完成过的热处理产品，力学性能测试一次交验合格率均为100%。

热处理工序是特种工艺、关键工序，产品最终交付质量，不光取决于每个人的工作质量，设备更是十分关键。作为全院“独生子”的大型特种设备，承担全院90%以上大型金属发动机壳体和金属件的热处理任务，联合井式电炉机组不容有任何闪失，否则整个科研生产链条将会陷入瘫痪。因此，加强设备的维护保养就显得异常重要。

由于联合井式电炉机组已运行近40年，加之近几年生产任务异常繁重，导致该设备不堪重负，故障频发。有一次，淬火炉内某区炉丝突然发生断裂，而此时后续产品还急等着进行调质热处理，如不及时抢修，整个生产任务将无法按计划节点完成，全厂生产大局也将因此受到影响。面对如此情形，在炉内温度还没有完全降下来的情况下，大件热处理组的职工便忍受着五六十

大件热处理组组长丁勇伟进入淬火炉膛检修电阻丝

大件热处理组职工乘坐吊篮进入炉底对设备维修保养

摄氏度高温的炙烤，穿戴好劳动保护用品，站在由天车控制的升吊篮中，悬在距地面八九米高的炉膛里开始了紧张的检修。为避免意外，他们几分钟轮换一班。每次从炉子里出来的人——衣服全部透湿，摸摸安全帽——烫的，拽拽焊机电缆——热的。大家连续作战，除了半小时的吃饭时间外，检修工作一直没有停止。他们硬是在常人无法忍受的情况下，抢时间修好了设备。那次检修历时 3 天，每天工作 10 小时以上。回忆起几年前修炉子的场景，时任车间主任、现已退居二线的靳铁军依然是历历在目，感慨万分。

“30 多年过去了，在满负荷运转的情况下，没想到设备还维护保养得这么好！”一次联合井式电炉机组设计单位人员来该车间时惊奇叹道。

由于该电炉机组功率大，又超负荷运行，加之电路老化，有一次，负责供电的变压器突然发生燃烧，在此危急关头，班组成员不顾个人安危，冒着烈火随时可能引爆变压器的危险，迅速投入到灭火战斗之中。经过几个小时抢险，避免了灾情扩大，将损失降到了最低。老组长李平波回忆起了当年惊心动魄的抢险场面。

几十年来，大件热处理组职工用自己无言的行动，对“特别能吃苦、特别能战斗、特别能攻关、特别能奉献”的载人航天精神做出了最好的诠释。

这里虽然条件艰苦，但和谐融洽的班组氛围却让许多人羡慕不已——晚上连夜加班，当值的往往是组长和男同志，尽量让女职工休息；小组职工生病住院，工作再忙小组也要派人抽空前往探望，尤其是对家里缺人手的职工，小组更是轮流派人照顾陪护……

“留守在山里，是苦了点，可有了融洽的同事关系、温馨的环境，这点苦也就算不得什么了！”班组职工说。

“有没有动过调到山外工作的念头？”“谁都希望工作条件好一点，谁都希望能常与家人在一起，随时照顾家庭，但只要炉子在这里，我们就会一直坚守在这里，尽心尽职地将工作做好。”面对提问，丁勇伟如此回答。

随着军工能力建设的推进，未来他们也会转战到山外，拥有更好的发展空间，更好的工作生活条件，但航天人长期形成的“自力更生、艰苦奋斗、大力协同、无私奉献、严谨务实、勇于攀登”的传统航天精神永远不会变。

（四院　荣元昭 郭建华）

他的初心是“为国家做点事”

从1992年立项开始，我国的载人航天工程已经走过了27年光辉岁月。27年来，一代又一代航天人怀揣航天报国的初心，投入到这项伟大工程的建设中，创造了载人航天从无到有、连战连捷的辉煌战绩。在这些航天人中，有这样一位同志，他亲身参与了神舟飞天、天神交会再到空间站梦想逐步实现的非凡历程，与载人航天工程同行27载，始终坚守在载人航天第一线。他就是中国航天科技集团有限公司五院空间站系统总设计师——杨宏。

少有壮志 投身航天

杨宏出生在一个普通知识分子家庭，父亲是一名航天工程师，母亲是中学语文教师。在父母的言传身教下，他从小就是一名品学兼优的好学生，课

杨宏在评审会上

余时间还经常参加船模、航模科技活动。从那时起，他就确定了自己的人生目标，长大要成为一名工程师。正是在这样一个目标的激励下，他发奋学习，从小学、中学到大学，一步一个脚印地实现着他的梦想。

20 世纪 80 年代后期，改革开放的大潮汹涌澎湃，整个社会对专业人才求贤若渴。像众多学有所成准备大展身手的年轻人一样，刚从信息工程专业毕业的杨宏面临着下海、出国等众多选择。面对很多优质的 OFFER，他考虑再三，最终还是决定像父亲一样投身航天，实现他工程师的理想。“这可能跟我所受的传统教育有关，学习的目的就是为了给国家做点事。”回忆起当时的选择，杨宏这样说道。

师从大家 严慎终身

刚入航天，杨宏就得以跟随王希季院士等大家学习。在参加首颗新型返回式卫星发射综合测试工作时，王希季院士就坐在他身后，指导他进行火工品阻值测试。科学家的言传身教使他受益终生，谆谆教诲将严慎细实永远印在他的心里。

29 岁时，杨宏调入了神舟飞船研制队伍。在没有经验可借鉴的情况下，他跑遍了相关承制单位，对国内星载计算机的生产能力以及飞船 13 个分系统的工作原理、工作模式、计算机需求进行了广泛调研。针对飞船系统计算机数量多、分布广、技术复杂、功能分散等现状，他提出了船载计算机分布式系统结构方案和构造飞船信息系统设计思想，论证了船载计算机软件、硬件选型，规范了船载计算机型号、软件编程、开发和测试等工作，从而使飞船具有了系统优化的船载信息系统和信息高速公路。

开展“神舟六号”任务时，杨宏被任命为副总设计师。无论是在 AIT、还是实验室，他身兼数职，不辞劳苦地主持着各项工作。凭借着务实、稳健、细致的工作作风，他将神舟飞船的技术工作安排得井井有条，13 个分系统、643 台设备、40 万条语句、82 个软件、10 万多只元器件无一差错。

如今已经成为空间站系统总设计师的杨宏，从未停止学习和创新的步伐。

杨宏在测试现场

他积极主张“依托新技术成果，助力新技术发展”的空间站设计理念，带领大家“树立创新理念，集合创新技术，应用创新方法，打造创新产品”。他积极引入先进信息技术，大胆应用“民用以太网”“WIFI”等技术，使空间站天地一体化以太网系统、高速率天基中继通信系统、综合电子通用计算机等相继实现，大幅提升了空间站智能化水平和平台综合性能。

淡泊名利 航天报国

尽管获得过众多荣誉，但杨宏始终保持着谦逊和淡泊的本真。2016年，他被邀请参加中央电视台《开讲啦》节目录制，他没有讲述自己的功劳，而是告诉观众，航天工程的成功是集体智慧与汗水的结晶，每个型号成功的背后都有无数默默无闻的航天人在奉献，呼吁媒体多关注幕后那些可敬、可爱的无名英雄。

淡泊名利的背后，却是对初心的坚守和对事业的执着。从“神舟一号”开始，在陪伴载人航天工程成长的27个年头里，面对社会上无数的诱惑，杨宏始终执着地选择坚守在第一线。面对空间站研制的诸多难题，他从来不诉苦、不抱怨，用自己的积极乐观包容大家、鼓舞大家，带领大家冲过一个又一个难关险滩。

这就是空间站系统的“顶梁柱”——杨宏的故事。投身载人航天工程的27年里，他始终坚守着“为国家做点事”的初心，将自己的一切都奉献给了航天事业。

如今他依然在忙碌着、奋斗着，在他眼里，只有等到中国空间站翱翔在太空中的时候，他才算真的为国家做了点事。

（五院载人航天总体部　李沛峰）

“拼命三郎”刘站国

身有疾患，曾经三次住进 ICU 病房，两次下病危通知书，病榻中，他念念不忘的仍是工作中的技术细节，是发动机的试验参数，是什么时候能够让发动机早日托举新一代运载火箭飞得更高、更远。

他把这辈子都交给了液氧煤油发动机。他常说，我们研制火箭发动机的，如果一辈子干成一件事，做成一个项目，研制成功一个发动机型号，这辈子就算值了。刘站国，一位科研战线上的斗士，工作中的拼命三郎 ，用实际行动诠释着一个共产党员的初心和使命。

20 世纪 90 年代中期，所里承担了液氧煤油发动机关键技术的攻关任务，刚刚走上岗位的刘站国便加入到这个团队中。

这是一项全新的研制工作，许多关键技术有待突破，它的研制不仅是对几十年来液体火箭发动机已有认识的实践与创新，也是对未来航天领域的探索与征服。面对大家期待的目光，刘占国带领着团队涉险滩、破坚冰、攻堡垒，

刘站国和同事分析讨论试车数据

刘站国和同事现场查看试验产品

冲锋陷阵，直面技术难关不回避，遇到困难迎头上，群策群力、无所畏惧、敢于亮剑、敢啃硬骨头。

随着研制工作的展开，其高技术性和高风险性也日益凸显。

整机试验中，启动连连失利，爆炸如黑色梦魇般笼罩在研制队伍的心头，压力与日俱增。2001年12月6日，试车过程中，厚达17毫米的高温合金0.3秒左右就被击穿，发动机支离破碎，涡轮泵又爆炸了！

强烈的气浪像撒野的猛兽，爆炸声撞击着观测室的防震玻璃，似乎要将整个试车台掀翻！门、窗、墙在强烈的冲击下，簌簌发抖。

一团团乳白色的气体从缝隙里汩汩地冒，像一个巨大的妖怪，张着大口，向观测室这边游移。

脸色煞白、双眼通红的刘站国却不管不顾地扑向试车台。同事拽都拽不住。

“当心！危险！”同事善意地提醒。

“没事！”他的声音坚定有力。

世上能有不爱自己孩子的父母吗？没有的！

此刻，台上爆炸的产品就是这群科技工作者用自己的心血孕育的另一个“孩子”，同样倾注了无尽的爱、无限的责任。这世上，哪有不怜悯自己孩子的父母，哪有看见自己孩子遇难还能泰然处之的父母？

工作近20年，组件试车近百次，“试”无不胜，这次他却碰上了“硬茬儿”。

几秒钟的试验录像被一帧帧回放、定格，他们努力寻找其中的蛛丝马迹与相互关联，对试验数据一点点比较、排查。怎么会出现这样的问题？本是寒光熠熠的钢家伙涡轮泵，此刻扭曲变形，成一堆废铁，刘站国的心里没底了。

在随后的日子里，刘站国和同事们俯下身、沉下心，经过反复分析、试验、计算，他提出一套切实可行的解决方案，向问题发起了进攻。

突变对氧泵产生了异常冲击，造成轴承损坏，引发氧泵故障。突变到底从哪里来？已有的经验不灵光了。刘站国只能停下来，一点一点再提高认识，搞创新。

“不放过任何一个疑点，不忽略任何一个技术细节，这是刘站国在故障分析过程中的撒手锏”，同事陈建华说。

全身心地投入工作，刘站国付出了很多，为了自己钟情的事业，付出再多都值得。在攻克技术难关、查找问题的关键时刻，在论证试验方案的日子里，试验一做就是一个多月，几乎每天都要工作至后半夜，刘站国太累了、太拼了。

他的妻子说，他的手机 24 小时不关机，遇上关键技术攻关的日子，虽然人回来了，心却一直随着产品走，有时彻夜不眠，有时睡着睡着，突然下床披衣而坐，抓起身边的稿纸就开始演算。他的心，时时刻刻跟着产品同呼吸、共命运。

身患重病的他住进了医院以后，很多人觉得，为工作这样拼命，太不值了、太傻了、太不可思议了！而更多的人，总是试图沿着他的足迹，寻找那

深夜里刘站国研究技术问题

份对工作苦苦坚守的深层原因。

这就是刘站国，他，走得再远却从未忘记来时的路。因为“忠诚爱国、自强克难、敬业爱所、务实慎行”的优良传统已深深融入了他的血液；因为他从没有忘记航天报国的初心，始终履行着航天强国的使命；因为他有一颗与发动机同频共振的赤子之心，有一个助我神剑遨游苍穹的航天梦想！

（六院　梅小娟）

航天强国路上绽放的“铿锵玫瑰”

那一座座试车台，昂首问天，俯身怒吼。一台台不同型号的发动机在它们的怀抱里高奏凯歌，欢快地踏上飞天之路，铺就着航天强国建设的基石。

承担发动机试验任务的是六院 101 所运载试验技术事业部，而刘瑞敏就是这个事业部的“当家人”——事业部总经理。

奋斗的人生最美丽

“火箭研制，动力先行。”为了研制我国新一代运载火箭长征五号一级使用的大推力氢氧发动机，必须设计建设发动机地面试验台。从可研报告、实施方案的编写和总成，到逐级评审和相继批复；从率领设计组开展施工设计，到转阶段后担任副总设计师；从总体承担单位的技术总负责和液路五大系统的组织实施，到系统集成阶段的现场总协调，在历时两年半的时间里，

我国新一代大推力低温氢氧发动机在六院 101 所进行地面试验

刘瑞敏在新一代运载火箭动力系统试验台建设现场指挥吊装工作

在辗转过的几个办公地点，刘瑞敏都是深夜最后一个离开办公室的人。夏天会被蚊子咬得浑身是包，冬天会被冻得腿脚麻木，周末加班时，为了节省时间，她中午不回家，就在会议桌上、办公桌上，甚至拼几把凳子休息一会儿，保证下午的工作效率。是对事业“无怨无悔、问心无愧”的信念支撑着她坚守执着、挑战自我。当首次试验取得成功，其他参试人员都在欢呼雀跃、举杯庆功的时候，她却身心俱疲，把自己一个人关在房间里，默默地流下眼泪。

新一代运载火箭动力系统试验台是我国目前唯一的火箭动力系统试车台，为我国新一代运载火箭研制并首飞成功立下汗马功劳，功勋卓著。在方案论证、起草报告、参加评审、批复立项等各个阶段，刘瑞敏亲力亲为，付出了极为艰辛的努力。在项目实施过程中，她对外大力协同，对内精益求精，在技术状态多变、质量控制风险加大时，她及时带领设计人员梳理状态、控制基线。当时建设周期异常紧迫，她亲自下厂跟产，带头动手打磨毛刺，逐个清理检验千余片翅片和几百个构件，每道工序都步步紧盯。她带领型号试验团队鏖战酷暑与严寒，有力地保证了试验台按照研制计划节点要求具备试验条件，三年内圆满完成了新一代运载火箭 8 个模块 12 次动力系统的试验任务。

热火飞扬推举航天强国梦

火箭发动机点火试验规模大、风险高，作为发动机试验任务的组织者和负责人，刘瑞敏深感使命崇高、责任重大。她精心策划、排兵布阵抓组织，严格监控、眼见为实抓落实，强调总体牵引、系统支持抓技术，严守规范、警钟长鸣抓安全，眼睛向内、眼见为实抓质量。例如，新一代运载火箭长征七号助推器动力系统试验时，因冷却水供应阀门无法正常开启而推迟，但是必须在 24 小时之内点火，情况非常紧急。刘瑞敏下午 3 点开始在现场组织故障排查和紧急抢修，并连夜制定应急保障措施，深夜 1:30，她还到试验台各值班岗位查看情况，次日凌晨 5:30，她又第一个到达现场，在确认系统状态满足试验要求后，她才暂时放松了紧绷 22 小时的神经，最后试验取得了圆满成功，并且验证了火箭推迟 24 小时发射的适应性，为型号研制带来了额外收获。她来不及休息，紧接着又迅速组织质量归零工作，晚上 10:00，她才拖着疲惫的身体，回到两日未归的家中。

铿锵玫瑰，在 101 所的山沟丘壑之间顽强地开放，在发动机的轰鸣声中舒展着笑颜，那是她无悔的表白，是她追求的升华，是航天人博大的情怀。享受国务院特殊津贴技术专家、全国巾帼建功标兵、中央企业劳动模范、集团公司“航天贡献奖”获得者、长征五号运载火箭首次飞行任务突出贡献者、首届“感动六院”十大人物等诸多荣誉，是对她无悔付出精神的最好诠释。

刘瑞敏在某重点型号试验现场指挥调度

美好的年华转瞬即逝，多少年来，她把最宝贵的人生时光，化作了建设航天强国梦的忠诚誓言，凝固成献身航天的庄严承诺，在浩渺的星空静静地闪耀，奏响着新一代航天人的最强音。

（六院 101 所　田源）

焊花点亮人生

李兵，7102 厂手工氩弧焊特级技师，享受国务院特殊津贴，国家级技能大师。他长期从事高难度、高要求、高风险的航天产品箱体部段、大型结构件手工氩弧焊接工作，现已成为国家航天领域“专家型”的有色金属焊接大师。在高新工程、载人航天工程、探月工程等国家重大专项任务中，他在自己平凡的岗位上作出了不平凡的贡献。

李兵先后荣获“中国航天基金奖”“航天技术能手”“全国技术能手”“全国五一劳动奖章”“全国劳动模范”等一系列荣誉和称号。他的先进事迹多次被《新华社》《人民日报》《工人日报》等中央主流媒体及《四川工人日报》《成都商报》《华西都市报》等地方主要媒体刊载。

七院 7102 厂全国劳动模范李兵

严慎细实，倔强的“钻劲”练就硬功夫

严慎细实是航天人“保成功、保交付”的极致追求，李兵也把这种作风融入到自己的日常工作中，他凭借着那股钻“牛角尖”的劲，时刻鞭策自己，对焊接技术孜孜不倦地探索与追求。他多次成功解决关键技术难题，多次攻克制约产品生产的质量瓶颈，多次刷新一次焊接合格率纪录，从未出现过人为责任差错，产品质量接近零缺陷。

正是这种倔强的“钻劲”练就了他对大厚度、复杂形面、异种材料、薄板铝合金在焊缝质量、变形控制、补焊方法等方面独到的技艺。他创新箱体锁底焊缝缺陷的特殊补焊方法，攻克边补边向前裂的难关，所承担的补焊抢救任务均一次合格，解决了一直困扰生产的棘手问题，既避免了报废，又提高了效率；他独创箱体悬空补焊的操作技巧，通过严格控制打底层的电流参数、准确把握填丝时机，成功补救某箱体，避免了上百万元的报废损失。

他攻克了箱体长达十多米的焊缝补焊易变形、错缝的难题，创造性地总结了一套分段补焊、退步补焊、大气孔钻排等操作方法，一次补焊合格率接近 100%，避免了二次补焊产品易报废的问题发生；针对某型号壳体变形超差问题，开创了振动时效校形和热校形两种方法，并获得国家专利；针对我国研制的新一代重点国防装备，为验证其长期储存的箱体质量，需要在某批两发已交付的产品上进行改装。李兵作为攻关组主要负责成员，带领小组全体对焊缝补焊所需的热输入量等参数进行了多次分析、试验、验证，一次性

李兵在工作现场

圆满完成6个箱体共18处重大缺陷排除，受到用户方高度评价，为国家节约研制经费上千万元。

矢志航天，普通岗位成就不平凡

李兵是标准的“航二代”，小时候的他随“三线建设”的父母从江苏来到四川大巴山深处，从此他的人生便烙上了深深的航天印记，航天人的精神根深蒂固地影响着他，成就了他“神枪手”的美誉。

在“神舟六号”发射任务中，承担重任的长征二号F运载火箭的一个箱体在生产过程中出现了焊接缺陷，几百万元的箱体能不能用，就在于他补焊的那几分钟。李兵顶着巨大的心理压力，带着一股子不服输的拼劲，一会儿弯着，一会儿蹲着，连续几天都在车间查找问题所在，衣服干了又湿，湿了又干。功夫不负有心人，他用焊枪十分精确地将缺陷一次性成功排除，为“神舟六号”发射成功立下了汗马功劳。

空间滤波器是工厂与中国工程物理研究院合作研制生产的国家重大项目产品，由于其焊接技术要求高，洁净度要求严，装调和焊接难度极大，工厂为此专门组建了一支敢打硬仗的生产队伍。焊接技艺高超的李兵，再次当仁不让地成为了突击队的带头人。那些复杂难懂的图纸，苛刻的技术要求，让大家头疼不已。他带领大家一起制定详细的操作流程，谋划工装方案，带头突击焊接任务。长时间超负荷生产作业，本就瘦弱的身体却没有趴一次窝，那一年，他整整消瘦了十几斤。通过不懈努力，交付用户的产品圆满安装调试完毕，并且顺利实现了通光。更让人欣喜的是，产品焊接质量得到了用户的高度肯定，大家都对李兵竖起大拇指，一个字：牛。

创新平台，“技能积淀”辐射“人才成长”

创新平台是技能人才成长的试金石。“李兵特种熔融焊接技能大师工作室”是航天为数不多的国家级技能大师工作室，从成立之初，作为焊接领军人的他，就担负着提升工厂焊接人才队伍整体素质、培养高端焊接技术人才、满足工厂人才需要的特殊使命。

如何创新优化管理，激发团队合力，助力航天发展，成为李兵干好本职工作基础上一项新的挑战，他以“家”理念为主导，激励大家心往一处想，劲儿往一处使。他详细整理了自己工作多年来的笔记，编著了《箱体焊接与补焊经验汇编》《箱体箱底装焊质量控制技术汇编》，将自己的经验和绝招与他人共同分享。他先后带徒 14 人，培养出集团公司学术技术带头人 1 人，四川省技术能手 1 人，特级技师 1 人，高级技师 1 人，技师 2 人，《技能大师工作室人才管理模式优化》管理创新成果荣获国防科技工业企业管理创新成果三等奖。

正是在他的不懈努力下，技能大师工作室创建工作取得了丰硕成果，产生了广泛的社会和经济效益。工作室先后承担了 9 项国家级和省部级科技创新项目，获得了 2 项国防科技进步奖，拥有 6 项专利，焊接工艺技术水平国内领先，在焊接技术的研究和应用方面达到国际先进水平，完成了航天系统十多项重大科研攻关课题。2016 年，李兵本人也作为国家技能大师代表增补为四川省总工会常务委员会兼职委员，在更高的平台展现航天人不一样的风采和智慧。

他，很普通，30 余载，手持焊枪执着焊接岗；他，不简单，30 余载，破解疑难杂症创效益；他，不平凡，30 余载，高超技艺施展铸神箭。“对父母，这一生我有太多的遗憾，老航天的父母都希望通过我微薄的努力能为航天做些什么，我想，倾其一生为了航天事业，才是我对他们最大的报答。”他就是这么一个人，特殊的报答方式，不一样的承诺誓言，热恋于自己为之奋斗的航天事业。

（七院 7102 厂　都晓芸）

一位航天老总的家国情怀

地球上最广阔的水面是海洋，比海洋更广阔的是天空，比天空更广阔的是人的胸怀。

型号首飞试验的现场，当大家都在为首次飞行试验的圆满成功欢呼雀跃之时，作为型号的灵魂人物之一，总指挥毛黎明却悄悄地背过身去，手里紧紧地握着手机……

一周之前，将家里的事安排妥当，毛黎明匆匆收拾好行囊，从上海赶到了基地——他负责的型号就要进行首次飞行试验，作为总指挥，不在现场坐镇始终觉得不踏实，他觉得这是自己理所应当的责任——既要为试验进程和技术进行把关，也要为团队的年轻人加油鼓劲。“对我们整个团队而言，这次飞行试验的重要性毋庸多言。这不仅是对我们前期整个方案设计的验证，而且关系到未来的领域开拓。”总体室主任李勇介绍。按照前期的计划，只需要一周的时间，毛总即可完成基地的工作赶回上海。

“一周，应该没问题吧？”眼瞅着罹患重症的母亲病情已经转入平稳，

毛黎明（左）悉心指导年轻人

“只要一周，儿子就能返回上海，继续在母亲身边尽孝。”

一周，说长不长，所有的试验进程按部就班，下午，型号就要迎来首次大考。一上午，试验队有条不紊地忙开了。毛总的手机突然响了，来电显示，是女儿打来的。毛总的心突然“咯噔”了一下。“奶奶高烧40度不退，已经陷入半昏迷状态，医生下了病危通知。”听着女儿焦急的话语，毛黎明的手在颤抖。

在项目办主任张铁军看来，那一刻的毛总是纠结的。“一直说忠孝不能两全，没想到会发生在自己的身边。”一遍遍地查询，一个个地打电话，一次次地翻阅各种订票软件：如果等到试验结束，无论哪种转机方案，都不可能在当天赶回上海；如果马上走，或许还能见上母亲最后一面。

时钟“滴答、滴答”地在走，时间飞快地流逝，家里催促的电话一个接着一个。

……

“一切照常。”这是沉默良久的毛黎明对张铁军说的第一句话。他给女儿打电话：“无论如何！想尽办法！让奶奶再等一下！明天爸爸就能回到上海……”

面对着团队两年没日没夜、加班加点赶出来的型号，面对着国家和用户所寄予的期望，毛黎明开不了口，只希望老天能再眷顾他一次，只期望老母亲能够顺利渡过难关……

试验一气呵成，在大家齐心合力的奋勇拼搏中，型号取得了当年立项、当年首飞成功的辉煌战绩：年轻的设计师为此通宵达旦鏖战，总设计师呕心沥血正经受病痛考验，还有人错过了孩子的成长和考试，错过了对父母的尽孝和陪伴……坚守，最终化为了喜悦！试验队员们尽情欢呼，不少第一次进基地的年轻队员难抑激动之情，拉着毛总诉说着成功的喜悦。毛黎明一一附和。

急促的铃声突然响起，接通，放下，拧紧双眉，扒拉一下眼睛，眼眶红了。匆匆说了几句，转身离开了现场。

“母亲，对不起！”“母亲，永别了！”

毛黎明在会议讨论现场

为了型号任务，航天人坚守岗位，他们中有的错过了许多人生的唯一，留下了很多的遗憾：或是错过了孩子“呱呱”坠地的一刻，或是未能如约指导子女的高考，或是在家人最需要的时刻无法陪伴……这样的故事太多，这只是所有奋战在一线的航天人的缩影。“祖国需要，我就去做！”是他们毕生的坚守和最执着的追求。

（八院　沈睿）

扎根国防的胡杨

张励，长期从事系统仿真的技术研究和系统研发，先后主持完成多项国家级和省部级课题研究，并成功实现成果转化和应用，为我国仿真领域发展作出杰出贡献。2019 年，她荣获“全国模范退役军人”荣誉称号。

大漠胡杨御边关：从横渡松花江到投身国防

胡杨被称为“托克拉克”，意为“最美丽的树”。它不惧沙暴肆虐、严寒酷暑，成为人们心中当之无愧的“沙漠英雄树”。与胡杨的邂逅，也是张励此生国防事业的开启。

1983 年，大学毕业后的张励来到戈壁深处的试验基地，成为“男人王国”里的一名女兵——第一次见到了胡杨，也第一次见到了只在书本上看过的“导弹”。但专业的差异、靶场鉴定工作的专业性、缺少可借鉴的材料……一切都令她深感压力，甚至彻夜难眠。但仅仅几天后，她便捧起了人生第一

张励（中）在试验室带领团队开展仿真试验

本飞行器专业书籍《有翼导弹引论》，决心从零开始。

“张励的身上有种特别的拼劲，爱迎难而上，同时又不骄不躁。”当时的部队领导这样夸她。在部队的15年间，她因工作表现突出获得各类荣誉，荣立个人三等功。

谈到这股子拼劲，张励说，爸爸是对她影响最大的人。松花江畔长大的小女孩，6岁便跟着爸爸学起了游泳。至今，她仍然记得：“水流很急，迎着面冲来，根本不能停歇，只能奋力地游，直到游到对岸。”或许正是这样激流勇进的人生态度，造就了一位战术仿真领域的领军专家。

守得云开见月明：“小仿真”到“大仿真”的整合

1999年，挥别军营，张励来到人生第二个战斗基地——八院八部。转业不转志，退伍不褪色，初心始终未曾改变。

“这样的工作我们没干过呀！”“之前呢？有没有可以参考的？”这样的声音，也一度让她陷入迷茫。年近40岁的她，正面对一个全新的领域——战术武器仿真验证，该领域被称为型号研制全过程必不可少的关键技术。大家感到一筹莫展，以前的知识储备已经远远不够了。怎么办？“不怕，咱们边学边尝试吧！”张励说。

没条件创造条件也要上。张励在笔记本上写下“慎思而后行”——她不怕自己不敢拼，但她怕自己是无头苍蝇，连累了团队其他人。第一次连续几日通宵赶出来的报告，收到的是满页的批注，而原文已几乎看不清……她忍不住落下了眼泪，不是不够努力，而是需要加倍地努力。

专业初创，张励发现，仿真验证似乎有一个不可打破的“规律”——产品试验过程中常出现故障，出现故障就要修上几天，修完再进行试验；下一次产品来试验，再故障，再返修……如此往复，工作被动、提心吊胆不说，每次还要遭到“吐槽”。“周检吧！”她下达了命令。不管有没有任务，必须常规一周检查一次，而且带着问题检查，带着研究性项目检查。

“周检”发挥了巨大的效能，型号线连连传来好评，新技术也在尝试中取得进展。这时，张励又给自己定下新的目标：规划。2006年，她把眼光放到了更远的地方——国内其他单位都做到什么程度了？国外呢？通过对标，她一次次找方向，一次次做顶尖技术交流会议上的“有心人”，把“谁家有新的东西”“谁有新的特长”都摸得透透的。从入门到晋级再到升级，张励的仿真之旅最终浓缩在试验室那三套年龄不等的系统中，成为行业的翘楚。

而此时，八部的仿真事业也真正由“小仿真”步入“大仿真”的整合之路：2007年八院战术导弹仿真中心成立，2008年八部仿真独立建室，2009年集团公司战术导弹仿真中心正式挂牌，近几年，更在光学/电磁复合物理场仿真及复杂多系统联合仿真等方向取得重大技术突破。八部仿真事业发展速度之快，为行业称道。而这时的张励，开始惦记的是心中的“根”。

甘为人梯育芳华：“根”植心中的无限牵挂

离开军营，变的是战场，不变的是使命与担当。张励常和年轻人聊起胡杨：“没有一种植物，像胡杨一样持久地坚守在贫瘠和干旱中。因为他们有坚韧的根。仿真人，是型号发展的根。”根的文化，在八部甚为有名——如“根”一般扎实稳健，为型号研制奠定基石；如“根”一般执着坚韧，为专业建设攻坚克难；如“根”一般厚德载物，为科技创新输送人才；如“根”一般不求索取，为仿真发展奉献青春；如“根”一般蓬勃发展，成就航天事业枝繁叶茂。

张励在八部“道德讲堂”活动中分享研究仿真经历

仿真专业涉及到多个技术方向，科研任务又来自多个条线。在任务分配时，张励结合个人特点，充分发挥成员特长。她积极探索“产学研”联合培养模式，将技术创新与人才培养相结合。“让每个人都能在专业知识上进步，在学历层次上进步。”

几年间，她作为联合导师，帮助近10名青年到各大高校深造并取得博士学位。她从型号需求中挖掘创新点，与合作高校进行人才联合培养，研究成果直接在仿真平台建设中得以转化和应用，在收获新技术、新成果时，起到锻炼队伍、培养人才的作用。

如今，年轻的仿真人正朝着更高的目标奋进——建设集仿真技术创新体系规划、仿真关键技术研究与应用、仿真自主可控成果转化于一体的国家级科研创新基地。而张励的心中，永远装着的是战术武器仿真中心的专业发展、这是一名退役军人对我国国防建设的责任感、是一名科技工作者对航天事业的忠诚。

（八院　章晴晴）

初心不改，使命光荣

姚建，现任八院科技委常委、远征三号多星发射上面级总设计师。自2000年从部队转业从事航天型号研制以来，先后担任卫星总体主任设计师、副总师、飞行器总师和远征三号多星发射上面级总师。在近20年的工作中，先后完成了四个型号的研制任务。

源于责任，从牧星人到造星人

2000年，姚建脱下军装，带着对部队的不舍和留恋，从自己熟悉的军队岗位转业至八院，开始了航天人的征途。靠着对事业的执着与追求，他逐渐承担起越来越重的航天研制任务。2008年，型号上急需作风顽强又具有工程经验的技术带动者，姚建受命正式参与了项目论证，一年后即被任命为型号总设计师。

严厉的法典可以塑造一支纪律严明的队伍，拥有共同理念的队伍才是一支真正令对手敬畏的队伍。型号队伍组建初期，姚建面对的是一群书生意气的预研师、熟悉火箭的综测设计师、研制机构产品的设计师……他首先着手的，就是将不同领域、不同作风、不同文化的多维队伍打造成一支配合默契、战无不胜、攻无不克的正规军。

“倾听、交流、引导、垂范”。姚建用他特有的亲和力和感染力，时刻激励和感染着每一个人。他利用所有可能的时间倾听一线设计师的心声，有困惑、有不解、有迷茫，他都可以用他丰富并有些许传奇的人生经历向大家娓娓道来。“有机会承担更大的责任才是价值体现”，这时他就像朋友、兄长。

“有充分的预案和对策，我们才能临战不慌。”为了确保飞行成功，姚建带领设计师进行了一轮一轮又一轮的故障预案讨论，“预案讨论得太多次了，我看着都快吐了”，敬业的总体副主任设计师也快受不了了。载荷供电端必须增加保险丝，贮箱要加泄压阀，轨控要有“安全管道”，能源要有预警措施……姚建对可靠性的要求是具体而苛刻的，正如他在球场上对对手和羽毛球的掌控也是无人能敌的，但你是否又知道他是如何练习的？没有充分的准备，何谈掌控。

发射前两个月，这支年轻而充满激情的队伍奔赴大山深处的发射场。十年磨一剑，霜刃未曾示。姚建进行了精心的策划和周密的布置。他指导总体将所有影响任务成败的事件，从人、机、料、法、环、预案 6 个环节梳理并落实事件成功保障措施。根据保障链路和条件，将近 20 个顶事件被分解成 100 多个子事件、30 多个通用事件，分类从设计、软件、测试、操作等方面完善检查确认内容。复杂而繁琐的工作，立刻变得有条不紊。

型号状态检查了一遍又一遍，故障预案审了一遍又一遍，指令流程读了一遍又一遍，测试数据比了一遍又一遍……“我们都准备好了！”在这样充分的准备下，任务取得了圆满成功！

远征三号多星发射
上面级总师姚建

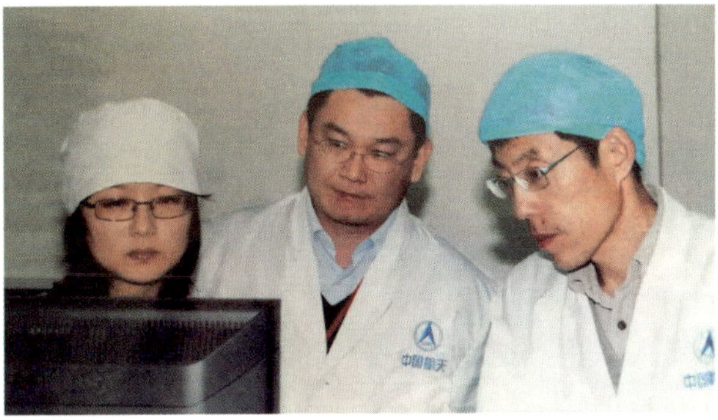

姚建在工作中

再接挑战，迎战太空巴士新征程

为进一步完善我国空间运输系统，填补国内异轨多星部署能力的空白，八院光荣承担了我国远征三号多星发射上面级的研制任务。自2014年起，作为一名作风优良、能力突出的航天战线老兵，姚建又在承担原型号工作的情况下，加入了远征三号多星发射上面级的研制团队，并被任命为型号总设计师，迎接智慧和毅力、体力上的再次挑战。研制过程中他紧扣发展需求、紧盯关键技术、紧抓关键环节，为适应将来任务的要求，对软硬件通用化展开了积极的研究，对产品配套和研制流程进行了综合优化，对控制研制成本进行了大胆的探索，对规避风险采用了一系列的技术与管理措施，很好地将运载器技术与卫星技术进行了融合，最终于2018年12月29日圆满完成了将七颗卫星分两组部署于高度相差约500千米的轨道上的飞行试验任务，并在远征三号上面级这款“太空巴士”完成乘客到站下车后，进行了主发动机多次在轨点火拓展试验然后准确离轨。

助力世界一流企业建设和支撑世界一流军队建设始终是姚建朴素的理想信念和精神追求。也正是这样的事业追求和工作标准，激励着队伍在研制过程中对产品软硬件的通用化、模块化设计尽最大努力做到极致，很好地满足了用户在研制过程中提出的3个“难题”，特别是临近发射前半年提出的更改发射轨道和增加搭载卫星的要求，也实现了新研型号在发射场工作期间和飞行试验中“零”质量问题，以实绩诠释了“平常多流汗、战时少流血”。

在飞行试验圆满成功返程途经嘉峪雄关之际，姚建深情地写下《天下雄关》：

凌厉寒风，白雪皑皑；雄关漫道，西北重锤。

古有长城，绵延万里；今有航天，翱翔宇宙。

千年中华，抗倭驱寇；而今华夏，梦幻远征。

十余年牧星人，十余年造星人，再到送星人，姚建的角色在转换，但初心永未改。他在思想上培养队伍爱国敬业的精神，提倡有志气、有骨气、有士气，以高度责任感和使命感去克服困难、去完成任务；在工作中塑造了勇于创新、团结协同、攻坚克难、以新图强的精神；在纪律上培养了严于律己、顾全大局、精益求精、令行禁止的作风。正是在这些理念牵引和实践推动下，姚建带领着一支中青年团队，完成了卫星和运载器的总体方案设计和研制工作，先后突破了多项技术难题，圆满完成了发射与相关试验任务，完成了国家赋予的神圣使命。

（八院 805 所　刘雄）

航天报国志　无悔写青春

2011 年，中国航天圆满完成了“天宫一号”与“神舟八号”交会对接任务，这是中国航天事业的一座重大里程碑。八院负责研制的“天宫一号”“神舟八号”重要系统和设备在我国首次空间交会对接任务实施过程中表现优异，为全面实现我国首次交会对接任务“准确进入轨道、精确交会对接、稳定组合运行、安全撤离返回”目标作出了重要的贡献，为突破和掌握空间交会对接核心关键技术、建设创新型国家、推进我国载人航天三步走战略实施作出了突出的贡献。

在首次交会对接任务中，八院承担的任务新技术多、难度大。八院坚持树立质量第一、成功第一的理念，坚持发扬“四个特别”载人航天精神，科学谋划，严格执行精细化管理要求，全员、全面、全程、全力、全方位做好型号全过程管理和技术攻关工作，先后突破了 50 余项国际航天前沿领域关键技术，不仅为首次交会对接任务的圆满完成奠定了基础，也为进一步提升八院自主创新能力、突破航天核心关键技术以及增强前沿技术储备发挥了重要作用。在我国庆祝“天宫一号”和“神舟八号”对接成功大会上，张崇峰等 12 人获得载人航天工程突出贡献个人荣誉称号，这是党和国家给予八院人的至高荣誉和褒奖。

这是一群勇敢担当、立志创新的人

秉承着“国家需要，我就去做”的朴素情怀，不断突破技术瓶颈，展现着八院人“一张白纸好作图”的气度和气魄。“交会对接”是举世公认的航

第二届“感动上海”年度十大人物颁奖典礼

天技术瓶颈，在“天神”对接前，世界上掌握空间交会对接技术的只有俄罗斯和美国两个国家。载人航天工程决策层就交会对接技术到底是走引进成熟技术、购买现成产品的道路，还是走主要依靠自己的技术力量、独立自主研制的道路进行了充分调研。考虑到今后中国载人航天要建空间站，空间交会对接技术是必须突破和掌握的，进行各个航天器之间的交会对接、完成天地往返运输任务等较为频繁，而关键部件和关键技术一旦掌握在别人手里，失去了自主权，对于中国载人航天事业的进一步发展十分不利。航天人果断决定：自主研发！而“接单”的正是八院人！这一干，就是 16 年！

“神舟八号”和“天宫一号”这两个约 8 吨重的“大家伙”，同时以 7.9 千米 / 秒的速度在微重力环境下“飞奔”，如何使其以 0.2 米 / 秒的相对速度来一段轻柔长“吻”？为确保万无一失，八院的设计师们从工程一开始就策划建立了一套世界级的对接模拟试验系统。在交会对接前，八院人模拟完成对接试验 1101 次、分离试验 647 次，用有中国特色的方式在地面模拟出了太空的逼真环境。由于我国选择的是让航天员通过时更安全的异体同构周边式对接机构，对接机构总装团队的师傅们，硬是用一双双灵巧神奇的手边做边想，在没有实际参照物的情况下，他们充分理解设计师的意图，并结合实际改进创新，将锁钩的主动动力源的需求降低 50% 以上，其余的采用滑轮和钢丝牵动，大大提高了锁钩功效。这既节省了许多经费，还成了“中国制造”对接机构的一大亮点。这群把责任看得比泰山还重的航天人，不断攻坚克难，几乎成了工作常态。因为他们把这看作是对自己负责，他们常说，做什么事都要尽到自己的责任，因为尽责了，所以心安理得，因为尽责了，所以问心无愧。

这是一群近乎“苛刻”、认真履责的人

既讲一万，又讲万一，把严慎细实落实到每一个微小的细节，展现着八院人不达目的誓不罢休的精细和韧劲。2010 年 11 月某天，担任对接机构研发设计的副主任设计师靳宗向等人在上海做试验时，发现“神舟九号”对接机构上的一个传感器捕获信号没出现，作为同型号的“神舟八号”会不会有问题？当时，“神舟八号”已经运抵北京，处于总装待命状态，但由于当时无法判断传感器两个触点的相对位置是否完全符合标准，他们当机立断：将对接机构运回上海重新拆卸检查，经过几个昼夜的奋战，解决了可能存在的隐患。不正是由于他们的这种韧劲，让我们在观看航天发射时，多了几分淡定和从容吗！

这是一群甘守寂寞、淡泊名利的人

八院人也是感性的，他们不能常和家人在一起，甚至因为保密要求不能对家人袒露太多的工作辛劳。这些理工科出身的设计师，很少启口对家人说

上海航天“921”团队先进事迹报告会

出温存感激的话语，但常常用行动来表达自己的爱。805 所的设计师耿海峰送给儿子一个火箭模型，并这样解释自己常年出差的理由：天上的星星按照自己的轨道不停地走，因此爸爸也一直在路上走。在航天人中，几乎没有听到谁谈及个人利益，也几乎没有听到谁把“车子、房子、票子”挂在嘴边，听到最多的词是“团队”“我们”。就像载人航天工程空间实验室系统副总设计师张崇峰讲的那样，“我们天天如履薄冰，我们非常明白，从事航天这份事业，要耐得住寂寞，要远离浮躁”。

航天人身上那种事业重如山、名利淡如水的境界，扎扎实实工作、默默无闻付出的精神，在今天竞争日益激烈、价值取向多元化的社会现实面前，在推进“创新驱动、转型发展”的征程中，更显难能可贵。

（八院　苑轩）

逆境中的生命之美

世间永恒之美在于生命，生命之最美在于敢于逆风飞扬。在航天科技集团九院539厂，就有这样一名普通员工，她用娇小的身躯演绎了激扬生命之美。

她叫王凤荣，是539厂测控产品事业部的一名电子设计师，曾承担多个型号应答机的研制任务，这其中就包括国家重点项目——“嫦娥”系列的相关产品研制工作。能在如此重要的项目中承担主要角色，她的能力绝对毋庸置疑，但更让人钦佩与感动的是她对待事业的态度和敢于同命运搏斗的精神。

缘定“嫦娥”凤舞九天

2011年，539厂承担了“嫦娥”新型号的相关研制任务，特别是测控应答机与前期工程相比，在体积、功耗、重量及电性能指标上有更高的要求。

左挑右选，大家还是将目光落到了刚休完产假的王凤荣身上，但还是有些不忍——一旦接下这个任务，必将百分之百地投入，肯定无法照顾襁褓中的孩子。王凤荣当然知道这些困难，但她二话不说挑起了技术负责人的大梁。

“嫦娥一号”发射成功后，王凤荣接受电视台采访

王凤荣在办公室处理文件

不负众望　首战告捷

万事开头难，要从哪里打开突破口呢？王凤荣想到了元器件和原材料。她大胆选用新材料和新器件，为整个产品电路设计、器件选用节约了宝贵的空间和重量资源。她还完全摒除了以前的电路设计思想，选用新方法为产品的体积节省了空间。在她的带领下，功率放大器电路设计顺利通过了评审，开启了工厂在测控应答机研制方面的新领域，摆脱了对外的依赖。

2012 年，返回器 S 频段应答机的研制刚刚告一段落，上升器 X 频段应答机的任务书又下发到了厂里，更高的工作频率、单台苛刻的重量要求、短时间的研制周期，对王凤荣又是一个严峻的考验。经过近 4 个月的潜心研制，上升器 X 频段应答机通过了总体的验收，各项指标满足要求，并且应答机单台重量远低于总体的要求。它的成功交付预示着工厂在国内测控领域占据了新的优势，为开拓新的市场奠定了坚实的基础。

“是你的命重要还是工作重要”

工程任务顺利推进，研制难关层层攻破，大家对圆满完成整个任务信心倍增。然而，还没来得及品味首战告捷的喜悦，大家却听到一个坏消息：王凤荣病了，而且好像很严重……

其实王凤荣早就知道自己的病情。2012 年 6 月底，她发现自己左腋下长了个肿块，医院穿刺检测结果显示 80% 可能为恶性肿瘤，医生建议她立即住院做切除手术。听到她说手上工作太忙走不开，医生严肃地问她：“是你的命重要还是工作重要？”她却没有考虑这么多，隐瞒了病情直至工作项目通过总体验收，当看到各项指标均满足要求并可以顺利交付时，她松了口气，“终于可以歇一下了”。

当时，她若选择在最好的上海肿瘤医院做手术，仅排队就需要等 20 多天，而在嘉定，一周的时间就可进行手术。考虑到正是工程由模样转初样的关键时期，她没有那么多时间等待，便选择了在嘉定区中心医院进行手术。手术历时三个多小时，切除的肿块达 7 厘米长。手术虽然成功了，但医生告诉她病情并不乐观，待切片分析结束后可能还需要进行化疗。

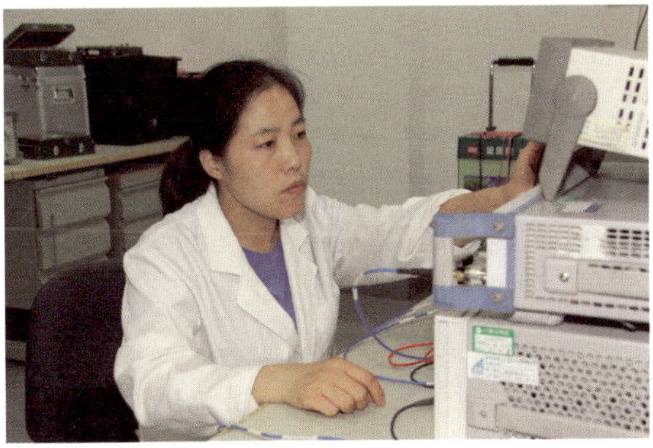

王凤荣在新厂区调试间调试产品

勇敢飞翔 再踏征途

病魔的侵袭让我们感受到生命的脆弱，也让我们看到面对生命价值的抉择和坚守。刚过 40 岁的王凤荣，生活中是家里的顶梁柱，工作中是项目的压舱石，面对突如其来的噩耗她没有消沉，为了尽快回到工作岗位，她一边积极配合医生的治疗，一边关注任务的研制进度，与部门和总体一直保持沟通联系。

老天眷顾着坚强的人。切片分析报告出来又经过上海肿瘤医院重新会诊，结果确认为良性，总算是虚惊一场。虽然领导嘱咐她好好休养，但她只在家休息了几天便重新回到工作岗位，投入工程后续的研制中。

生命之美不在于顺境中光彩照人，而在于即使逆境依旧保持飞扬的心。如今，王凤荣依然奋战在型号一线，凭借技术能力和经验优势，发挥起专家的智库作用，兼顾型号的同时，或为前端的设计审核把关，或为后方的评审出谋划策，或为培养更多的人才开设技术讲坛……她用娇弱的身躯承担起旅途中的风雨，守住彩虹满天，让生命绽放七彩光芒。

（九院 539 厂　牛玉冰）

建功立业当盛日　星光莫问赶路人

“终于写完了！”办公室里唯一亮着的日光灯下，一个略显疲惫的年轻人为报告重重敲上最后一个句号，这才如释重负地松了口气。然而还来不及活动一下僵硬的脖颈，他又拿起鼠标，紧盯着屏幕上一行行细密的字符，从头开始审校。空荡无人的办公室里，不时传出键盘敲击时发出的“哒哒”声。过了许久，完成文稿审校后，他脸上因过于专注而紧绷的神情终于缓和了下来。关上电脑，他抬头看了下墙上的时钟，已经又是新的一天了。清桌、锁柜、拉闸、关门，对这个常年最后一个下班的年轻人来说，这一连串动作已形成了习惯。向门口的警卫道声“辛苦”，年轻人便迈步走进深秋的寒风中。夜色正浓，整座城市已沉沉睡去，惟有墨蓝天空上的点点明星，伴着年轻人的身影踏上回家的路。

这个年轻人叫陈建光，是中国航天十二院 4 所科技情报研究推进部的骨干员工，上述场景不过是他的日常写照。陈建光 2006 年从北京航空航天大

陈建光查阅科技文献

学毕业后就走上航天科技情报岗位，严谨、细实的态度使他迅速掌握了情报研究的专业知识技能，怀着兢兢业业工作的初心，他践行着一代又一代航天人探索浩瀚宇宙的航天梦想。

谈及工作十余年来印象最深刻的事，莫过于2015年支撑国家空间探测发展战略与重大专项任务深化论证。作为情报战线上的航天人，亲身参与祖国航天事业重大发展决策论证是难得的机遇，是巨大的挑战，更是无上的光荣。时至今日，回想起当时的情景，一向内敛的陈建光也难掩自豪的神情。

当时正值“嫦娥三号”实现月面软着陆和巡视勘察，载人航天建成天宫一号空间实验室，我国空间探测任务取得巨大成就，但如何实施两大工程的后续任务出现争议。习近平等党和国家领导人对此高度重视，批阅国防科工局牵头组织开展深化论证研究。

国防科工局迅速组织相关力量，启动深空探测、重型运载火箭、探月工程后续任务、月球探测目标及应用等一系列专题论证和综合深化论证工作。其中，国外空间探测发展态势研究及综合深化论证支撑工作由航天十二院承担，具体工作落到了陈建光和他所在的团队肩上。

接到任务时正值周末，陈建光放下与妻子约定好的郊游计划，在随后近3个月的时间里，牺牲了所有的周末和假期，全身心投入到这项任务中。为给后续工作争取更多时间，科工局要求尽快摸清、查准国外发展态势，为国内决策提供参考。

尽管航天十二院在航天领域具有深厚的情报积累，但面对这项时间紧、任务重的论证支持工作，仍感受到巨大压力。陈建光带领三四位年轻同事，发扬“特别能吃苦、特别能战斗、特别能攻关、特别能奉献”的航天精神，查找资料、核实数据、走访专家、组织研讨，仅用两周时间就提交了长达2万多字的高质量报告，认为以火星为重点的深空探测已成为各国竞相角逐的新热点。

接下来的综合深化论证支撑工作更是曲折反复。陈建光团队作为深化论证报告的重要支撑力量，与运载、测控、卫星、空间科学等领域专家齐心协力，

陈建光与团队研讨项目

反复推敲迭代，聚焦建设航天强国、提升空间探测核心能力的目标，深入研讨国内发展现状以及与实施后续空间探测任务存在的差距，提出火星和月球探测、重型运载火箭研制等重大航天工程。

一份耕耘，一份收获。空间探测发展战略与重大专项任务深化论证研究工作在 2015 年 9 月的专家咨询评估委员会会议上受到院士、专家的充分肯定，为我国火星探测任务立项奠定了重要基础。我国 2016 年发布的第四版《航天白皮书》明确提出，将实施中国首次火星探测任务。

作为幕后的“隐形”功臣，陈建光已然习惯在大型航天工程中做一颗无名螺丝钉——因为他知道，“功成不必在我，功成必定有我”。用户称赞他精益求精，领导表扬他恪尽职守，同事们评价他抱诚守真。面对这些赞许之词，谦和如他也只是微微一笑，又投入到下一个无形战场中。

十年磨一剑，赤心向寰宇。正是像陈建光一样继承了航天三大精神的众多中国航天人，在各自平凡的岗位上发光发热，以青春绘制砥砺奋进的宏伟蓝图、以热血书写无私奉献的当代传奇、以忠诚谱就响彻银河的辉煌乐章。

（十二院　刘笛）

传承航天精神 奏响时代篇章

这是一支年轻的队伍，平均年龄 31 岁，承担着覆盖京区 30 多万宽带用户业务稳定运行的保障任务；这是一支团结奋进的队伍，出色地完成了 EOC 网络第一代和第二代技术网络搭建、核心万兆 PPPOE 拨号接入网络升级调整、GPON/EPON+EOC 网络无源化改造，以及核心万兆流控系统、内外网带宽优化监控平台、航数云后台支撑网络系统的搭建和运维工作。

这就是航天通信中心所属航数宽网公司技术部宽带组，现有员工 8 人，其中中共党员 1 人，团员 3 人。组长陈海强充分发挥党员先锋模范带头作用，他把自己多年在工作中摸索掌握的丰富经验和技能毫无保留地教给青年员工，给他们讲航天前辈严慎细实、精益求精的故事；带领组员一起研究、创新，认真掌握各种设备性能、配置最佳数据，减少失误，攻克一个个网络技术难题，为公司基础业务运行保驾护航，培养出了一支不畏难、敢攀登的技术团队。

陈海强在机房排查网络标识

国家提出提速降费要求，陈海强带领宽带组义无反顾承担起公司网络业务结构调整的重任。从 2016 年开始到 2019 年，历经三年的不懈努力，他带领团队埋头苦干，面对挑战，始终保持攻坚克难的精神，圆满完成了无源化网络一期和二期改造、核心万兆 PPPOE 拨号接入网络升级调整、万兆城域网升级调整，及内外网带宽优化监控平台、应用自动化平台的搭建。每一个项目都承载着公司发展的希望，在时间紧、任务重的情况下，没有一个组员掉队，大家反而是互相鼓励，废寝忘食地论证方案。在核心万兆 PPPOE 拨号扩容升级过程中，由于用户合并中兴 BRAS 系统出现了不稳定工作情况，导致拨号异常，根据预案在次日凌晨进行应急回退，在接下来的时间里陈海强带领组员们从不同角度和情况模拟了实际网络情况，并就相关异常数据同设备厂家技术支持人员进行了深入沟通，经过一周的排查，最终和中兴设备厂家技术支持人员发现了 BRAS 软件版本的一个 BUG，督促厂家研发完成新版本整合后立即重新进行核心万兆 PPPOE 扩容升级，使用户拨号恢复正常。网络质量关系着公司用户群体的稳定性，一次小的网络故障就会引起连锁式的反应，为了用户能有更好的网络体验，每次网络架构调整都尽量减少对用户的影响，主动将调整时间选择在凌晨 1 点以后，当大家已经进入梦乡的时候，在航数的机房里总是能看到组长陈海强带领着组员忙碌的背影，安静的机房里只有键盘的敲击声和年轻的组员们认真工作的身影，公司一百多

不畏难、敢攀登的宽带组团队

个机房的建设凝集了他们太多的汗水。

随着一级运营商提速降费，公司的宽带运营成本逐步提高，在公司领导的带领下，全体宽带组员共同努力，完成公司内外网带宽优化监控平台搭建和优化，提升了公司内网带宽占比，降低了公司带宽运营成本。2017 年，公司制定内外网带宽比例要从 5:5 提升到 8:2 的战略目标，虽然要实现这个目标很困难，但接到任务后，宽带组分工配合，没有丝毫负面情绪，先后完成了流量控制设备的调研分析对比、智能 DNS 设备调研分析对比、用户主流视频应用收集以及协议分析、用户主流门户网站收集以及分析、用户主流下载工具收集以及分析。通过深挖设备的使用性能，分析主流流量底层使用协议，经过 3 个月的努力，内外网带宽比例提升到 7.8:2.2，虽然离制定的目标还有一些差距，但是大家依然在不断地努力，重要的是在这个过程中团队的凝聚力又一次得到了升华。团队的团结协作锻炼了队伍、积累了经验、提升了团队的自信，并且为公司达到了开源节流的效果。

航数宽网公司宽带组目前正逐渐成为一个年轻化、知识化、专业化的班组。他们爱岗敬业、奋发向上、崇尚科学、勇于创新，用智慧与坚守为全网宽带用户提供了全方位解决方案，用热血沸腾的青春为公司发展作出了贡献。

（航数宽网公司　杨慧）

严谨细致，为集团资金安全保驾护航

财务公司结算部成立于2001年，是伴随着集团资金集中管理工作成长起来的专业资金结算工作团队，至今已有18年历史。结算部工作团队目前由11名成员组成，承担着全集团资金账户归集管理和支付清算工作。

截至2019年上半年，结算部已成功归集资金882亿元，达到集团预算内单位资金96%以上，集中管理各类结算账户2700多户。近10年来，累计完成各类资金支付结算业务824万笔，结算资金规模累计达到39.01万亿元，结算业务规模和管理水平在全国200多家财务公司中名列前茅。在支持集团财金管控、服务成员单位资金流转、创新结算业务发展方面发挥了重要作用。

严慎细实，确保资金安全

财务公司是集团强化财金管控，深化产融结合的基础金融服务平台，集中了集团公司90%以上的金融资产。结算部的工作是财务公司存贷款和投融资等各项金融服务的最后一个环节，金额从几元到数十亿元，小至各项管

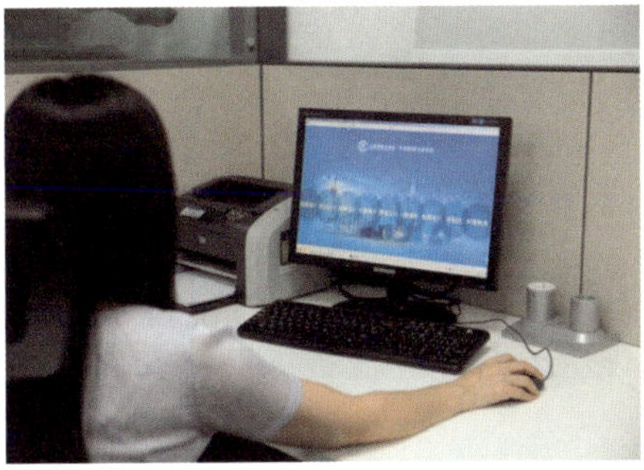

兢兢业业办理业务

理费用收支，大至集团重点项目拨款，都经由结算部办理。为保证每一笔资金的安全，结算部秉持航天人严慎细实的工作作风，无论巨细地对待每一笔业务，严格要求和层层把关，日均处理业务近2000笔的同时，准确高效地完成了各项结算任务。

勤勉高效，为满足成员单位收支清算需求全力以赴

结算部自成立之初，就以提高成员单位满意度为目标，把服务质量当做头等大事，不断优化服务流程，推动服务水平上台阶。为了维持支付渠道畅通，确保资金及时结算到账，结算部相关岗位需要每天提前1小时上班。年末、季末、月末加班处理业务是常规现象。特别是每年的“元旦”“五一”“国庆”等法定节假日，结算部员工都主动放弃了休假，依然坚守岗位。

2019年元旦假期，结算部工作团队连续3天，每天早8点就来到单位处理年终结转业务，晚上通常要在7点以后才能下班，一天的工作时间近12个小时。成立10余年来，结算部员工没有真正完整地度过一个“元旦”“春节”“五一”“国庆”假期，甚至不少员工是在工作岗位上迎接新一年的到来。即使是平时的休息日，只要工作需要，总是随叫随到，没有任何一句怨言，用忘我的工作精神赢得领导的信任和客户的敬重。

默默无闻，工作成绩显著

结算部员工自加压力，勇于争先，能始终保持与时俱进、开拓创新的精神状态，在树一流形象、干一流工作、创一流业绩上狠下功夫。在负责的业务操作中，特别是针对新业务，为了尽快熟悉业务、进入角色，员工自我加压，不畏困难，白天联系客户和经办银行落实情况，晚上认真学习业务知识。除开展好常规的业务外，结算部经常针对操作失误易发环节开展检查督促及隐患的整改落实，同时不断改进工作方法，结合实际重新修订工作制度、检查制度及工作考核奖惩制度，建立业务管理电子台账，使各项支付结算工作做到了制度化、规范化和科学化。

大力发扬团队精神

勇于探索，不断创新结算业务发展

现代金融服务正在发生着巨大的变化，自动化、数字化、智能化推动结算服务标准越来越高。结算部高标准、严要求，努力提高每位员工的业务素质的同时，大力发展信息化手段，结算业务自动化率由 18.34% 提升至 98.5%，业务品种由资金汇兑等传统业务，拓展到了电子商业汇票结算、外汇集中收付和即期结售汇等多载体、多币种服务，将单一的支付业务转向了综合结算服务，从被动粗放式服务转向了主动精准服务。

严谨细致，勤勉高效，勇于探索，做好集团资金司库人，这就是一直秉承航天人“严慎细实、精益求精”的科研态度和工作作风的财务公司结算部的团队理念。也是这一理念紧紧吸引、鼓舞着团队中的每一个人，向着同一目标前行，在最平凡的岗位上，以最大的热情为推动航天事业发展贡献力量。

（航天科技财务有限责任公司　许会芳）

凝聚力量助力集团产业发展 创新突破助推科技成果转化

2014年4月25日，航天科技集团副总经理吴燕生，在集团2014年知识产权工作会上提到“航天科技集团已经从知识产权保护迈入知识产权运营，……今后，要从创新引领发展的大局出发，充分激发专利运营的活力，……做好对职务发明人的奖励”。

为了更好地盘活和运营集团知识产权，2015年集团党组一号文件决定由航天投资控股有限公司（简称投资控股）发起设立央企内第一支专利技术孵化投资基金——航天专利基金。

将帅诚已定，兵卒招募行

时任投资控股总经理的张陶深刻认识到，对以开展传统股权投资见长的投资控股来说，专利技术孵化投资是全新的事物，面临的困难和挑战可想而知，没有一个信念坚定的团队，这场硬仗势必难以取胜。因此，张陶建议选派从事过研发工作、同时具有丰富产业投资经验的航天创投总经理李军，以及以实干著称的航天创投副总经理杜广宙来组建航天专利基金团队，有二位经验丰富、信念坚定的党员干部坐镇指挥，航天专利基金便成功了一半。

将帅诚已定，兵卒招募行。很快，航天专利基金便迎来了若干位团队成员。在张陶顶层运筹、李军和杜广宙的临场指挥下，航天专利基金团队

团队组织主题学习

大力弘扬航天三大精神，通过思想教育、组织生活、专业培训等多种形式，最终凝聚成了一支争当先进、勇于创新、善于学习、乐于服务的青年队伍。

我相信，我们能行

航天专利基金是为了“促进集团科技成果转化、推进研发人员奖励激励、拓宽研发经费来源”，更是为了“让航天技术走进千家万户，推动航天科技创造美好生活”。要融通方圆、共赢天地，团结一切可以团结的力量，做大做强航天专利基金。基金团队先后走访了鞍钢集团、北汽集团、镇江国控、亦庄国投等单位，最终通过沟通，相关单位共同出资设立航天专利基金。

航天专利基金投资副总监李臻洋深刻记得，在募资最后环节，部分合伙人迟迟未在基金合伙协议上盖章，如果基金不能按期设立将严重影响储备项目的投资进度。怎么办？彼时北京正值初冬时节，李臻洋内心着急万分。作为领导的杜广宙拍了拍他的肩膀，说了一句“我相信，我们能行”。听到这句话李臻洋内心一热，瞬间斗志满满，次日便出发挨个走访合伙人，向合伙人领导汇报基金运作模式和优势。最终，经过充分沟通交流，剩余合伙人在五天内完成了合伙协议盖章流程。事后李臻洋回忆起这段经历，领导的那句话“我相信，我们能行”成为他后来面对一切困难的有力后盾。

航天专利基金投资的四院42所项目获“中国好专利”提名奖

谋事之渴望，千里一日行

“即从巴峡穿巫峡，便下襄阳向洛阳。”2016年8月，团队在从成都去襄阳的路上，杜广宙提到杜甫在安史之乱后写的《闻官军收河南河北》诗句。“安史之乱后，杜甫流落四川，听闻唐军收复了河南、河北部分州县，欣喜若狂写下这首诗，充分表达了他的报国热心已经从蜀中飞跃千里到达洛阳”，杜广宙说，“这与我们目前的心情是一致的，我们刚在成都七院完成专利基金宣传，便收到了四院42所的项目合作邀请，这是对专利基金的肯定，说明我们这一年来对基金模式的宣贯终于到了快开花结果的时候了，一天跑一千里也可谓欣喜若狂啊！”团队群情激奋、斗志昂扬。

团队凝聚力和向心力是事业成功的基石，只有形成了对事业的渴望，才能为之努力，航天专利基金的这种团队文化正是其成功开展专利技术孵化投资模式的基石。

不忘初心，方得始终

正是这种上下齐心、不忘初心的风貌和严慎细实的工作作风，造就了航天专利基金的成功。团队先后获得国防科技工业管理创新二等奖、集团

团队荣获集团“青年文明号”

青年论文一等奖、集团“青年文明号”等荣誉。团队将继续肩负服务集团公司主业、支持科技成果转化的重任，倾心为集团公司打造一张闪亮的专利投资品牌名片。

（投资控股　李臻洋）

笑容绽放春天 信念蕴含力量

60余年来，一代又一代航天人胸怀航天报国之志、勇担航天强国使命，自力更生、艰苦奋斗，实现了航天事业从无到有、从小到大的巨大发展，积淀了深厚博大的航天“三大精神”，它积极向上、极具影响力。在老航天人带领下，新航天人迅速融入航天文化，在践行航天精神的同时也推动航天“三大精神”不断向前发展。吴迪，东方红卫星移动通信有限公司的一名高级通信标准工程师，一位新航天人，在快速融入公司的同时，也以实际行动践行着航天“三大精神”。

2018年10月24日，东方红卫星移动通信有限公司注册成立，公司立足于“鸿雁星座”系统建设，力争打造世界一流的低轨卫星移动通信和空间

吴迪工作照

互联网运营商，以响应习近平总书记“航天强国、网络强国和数字中国”等战略要求，打造运营高效的商业模式，拉动国家千亿规模产业，抢占国际频率资源，确保国家信息安全。对于一个完全自主可控的卫星通信网络来说，最核心的是通信标准和关键算法，这是卫星载荷、信关站、接入网、终端等研发的基础，是网元间互联互通承载业务的重要桥梁。对于低轨卫星通信系统，刚成立的公司便要面对窄带低轨卫星通信已有成熟稳定的铱星系统，宽带 Starlink 和 OneWeb 已开始发星部署的现状，争夺国际太空网络建设和运营主导权的竞争异常激烈。但当前没有成熟的国际、国内标准可参考，设计我国自主可控的低轨移动通信标准迫在眉睫。

吴迪的加入恰巧填补了公司通信标准设计的空白，她以极大的工作热情投入到工作中，早出晚归、周末加班已经成为了一个常态，团队里的同事都劝她歇一歇，不要把身体累垮了，她却说，“我们在起步阶段就已经落后了，再不花费更多的时间和精力，怎么才能迎头赶上，实现反超呢？”在各级领导们的关心和指导下，她迅速融入公司，快速学习并掌握卫星通信特点，凭借十几年地面网络的系统设计经验，带领物理层设计团队快速成长。她组织团队深入剖析各类业务传输特点、指标要求，分析低轨移动通信特点，深入研究 GMR、铱星、物联网、5G 等通信标准，以提供高可靠、高性能的通信系统为原则，经过反复迭代、大胆创新、仿真验证等最终形成鸿雁星座的设

吴迪带领团队工作

计思路，突破关键技术，并于2019年3月确定了鸿雁星座的物理层通信标准，于2019年6月制定出向下适配鸿雁物理层、向上适配高层协议的鸿雁MAC层设计，完成了鸿雁星座最核心部分的标准制定工作。

吴迪对标准制定工作严谨细实，采取对协议缺陷零容忍态度，对标准制定的每一个细节都仔细推演、遍历式推敲，不放过每一个流程分支、每一个参数取值，并带领物理层仿真团队充分验证，确保功能和性能满足指标要求，也有同事不解，认为差不多就行了，她只是笑了笑，说道“在航天做事，没有差不多，只有确保万无一失”。她还带领团队广泛开展与高校的合作，并研究创新技术、前沿技术在低轨卫星通信中应用的可行性，与接入网、终端等全网元开发团队反复讨论方案和算法的可行性、完善性、复杂度等，为进一步修改和完善标准设计提供依据。她还深入参与高层协议的制定，拉通各层之间的接口和协作，最终和标准团队共同打造了鸿雁星座全套的标准体系，为鸿雁系统研制打下了坚实的基础。

她热爱工作，热爱团队，更热爱航天事业，时刻用党员和航天人的标准严格衡量、约束自己的一言一行，加强党性修养，发扬航天精神，不断提高综合素质和工作能力，用心完成党和公司交给她的各项任务，发挥先锋模范作用。她用自己的言行感召周围的同志，让“党员”“航天人”的光荣称号在自己身上闪耀发光，为大力弘扬航天“三大精神”作出了贡献。

（东方红卫星移动通信有限公司　文力）

奋斗攻坚篇

甘为强军马前卒

15 所二室的刘宝龙博士骨子里是有几分傲气的人，干什么都要干到最好。带着这种不服输的性格，进入 15 所后，宝龙严格要求自己——无论干哪项工作，都要做到自己满意为止。宝龙给自己设定的工作标准非常高，主管室主任曾说，“如果能让你满意，那我睡觉就更踏实了”。

为了达到自己设定的工作标准，宝龙没少花心思。他的手机里，保存着生产工人和车间工艺员的电话号码，在他负责的产品生产期间，他都会定期和一线人员沟通，有了生产问题，他也会“一竿子插到底”——直接问车间人员。这种“接地气”的做法，使他获得信息又快又准，他曾几次纠正了信息传递过程中产生的失误，赢得了项目指挥调度系统的认同。他主管产品的生产进展，型号调度都喜欢向他了解情况——“靠谱儿”。

为了达到自己设定的工作标准，宝龙把自己的眼睛炼成了“火眼金睛”。在某次非常重要的飞行试验产品自检过程中，他发现发射筒盖唇形密封圈被装反了。这是产品维修更换时，操作人员的失误造成的。密封圈唇口反向，将起不到密封作用，系统建立不起工作压力。现场自检阶段，宝龙及时发现这个问题并更正，避免了隐患。在鉴定试验和飞行试验等大型试验中，他先后担任多个型号冷发射装置等产品的主管设计，都出色完成了产品的研制任务。通过他细致周密的工作，深入识别风险因素，积极改进产品设计，加强技术状态管理和质量控制，解决了影响发射流程的关键可靠性难题，确保了主管产品在历次飞行试验、大型鉴定试验中零问题。

为了达到自己设定的工作标准，宝龙坚持不懈地学习与工作相关的各种知识。他骑自行车上下班，自行车车筐里，总是放着几本专业书。在单位加班不管到多晚，回家后他也要看看专业书才能睡得踏实。基础好、爱学习、肯钻研，入职不到六年，在专业技术方面，他充分发挥专业特长，积极拓宽专业领域，完成了弹射动力装置的内弹道概率模型研究和基于结构可靠度的优化设计，主动承担减震防护关键技术攻关，保障该专业领域有关型号研制工作顺利推进，也将冷发射技术向前推进。

因为技术过硬、工作表现突出，2018 年，室里选派宝龙承担某竞争型号总体设计任务。型号进度异常紧张，要求一年时间完成从竞标到实物配套的工作。任务初期，军方需求不明确，他和军方反复协调讨论，帮助军方明确需求。核爆对地面设备的影响，这个课题双方都没有技术积累，宝龙愣是自学“啃”下了这个难题，研究结果也得到了军方的认可，并在后来作为任务背景输入。任务初期，系统的概貌尚不清晰，各种天马行空的想法不断涌现，常常是今天协调定下的结论，第二天就被推翻。反反复复，整个分系统的方案作了五六次。再苦再难，宝龙也咬紧牙关、埋头苦干，白天去和军方协调，晚上在所里做计算。没有周六、没有周日、没有假日，每天回家早则夜里十一二点，晚则凌晨一两点，同事们眼看着宝龙一点一点瘦下来。就这样，宝龙和团队成员完成了总体技术方案论证和多轮迭代，突破了新型冷发射方式总体设计和减震防护关键技术，出色完成了总体和下属三个单机共四项方案竞标工作，拼出了四项竞标第一的成绩。这一年，他的体重减少了二十多斤。

2019 年春节刚过，分系统进入样机试验阶段。无论漠北还是山西黄土地，工作场所都是在露天，条件异常艰苦。在太原的朔风中，在阿拉善的戈壁滩上，宝龙和同事们在风沙中操作，蹲在地上吃饭，在铁皮房里午休。赶到现场不久，他就请后去的同事帮着捎些厚衣服，在室外一站一整天，实在是太冷了，刚刚三十出头的刘宝龙也有些“扛不住”了。但是，宝龙咬牙坚持着，进度逼人，这个以年轻人为主的团队每天工作到深夜十一二点，回到宿舍还继续开会协调。

夜深人静刘宝龙
仍在抓紧工作

回到所里，同事们都惊奇地看着从试验基地回来的宝龙——他实在是太“黑”了，黝黑的脸庞像非洲朋友，脸上的皮肤也是干干的、没有与他年龄相称的水润。看到他们在现场的工作照，一个个头发被吹得像乱草，风来了吹风，雨来了淋雨，一群博士看着更像建筑工地的农民工，洗衣服的水能泡出一盆泥浆……同事们都长久地沉默了。

时间是抢出来的，成绩是奋斗出来的。再苦、再累，只要工作有了进展，宝龙就整天笑呵呵的，不经意间展现着他满腔朴素的赤子情怀。他说：“祖国和人民培养了我，为了建设世界一流军队、建设世界航天强国，我甘作航天农民工、甘为强军马前卒，服务人民、贡献国家！”

（一院 15 所　王丽秋）

复合材料机加“一哥”是怎样炼成的

拿得出技术，带得动队伍，虽然是“80后”，但却是复合材料机加领域的老人，2018年更是被评为航天技术能手，凭借着一颗初心、一身本领，刘春先一路从一名普通的技术工人炼就成今天的复合材料机加“一哥”。

炼就初心：一入院门深似海，从此一心为航天

每每回想起初入航天的时候，刘春先总是激动不已，就像梦想照进现实一样梦幻，但是梦幻过后更多的是责任，面对航天产品精益求精、零缺陷的要求，他为自己能够从事这份事业倍感荣耀的同时，也深感自身责任重大。于是他穿上工作服，扎根一线，在这个幽深的大院里，开始了自己为祖国航天事业奋斗的征程。

虽然终日与冰冷的机床设备为伴，但因为能接触到航天产品，每日繁忙的工作也变得有温度、有乐趣；厂房里噪音大、粉尘大，每天工作都要带着耳塞口罩，甚至同事之间沟通都需要启动原始的喊话方式，夏天的闷热不适就更不用说了，但即使是这样他仍甘之如饴。曾经有人问过他，有没有想过换个轻松点的岗位，不用总是待在一线，他却说：“能在一线跟航天产品亲密接触是一种幸福，如果哪天真摸不到这些产品了，反而不适应了。”

炼就本领：精益求精解难题，磨刀不误砍柴功

复合材料由于本身具有薄、脆等特点，其机加相比较传统的金属机加难度更大、差异性更强，因此，技术的精进主要依靠实践。刘春先深知这一点，

因此一直扎根一线，努力学习，刻苦钻研技术，勇挑工作重担，先后承担了多个型号产品的操作主岗工作，在出色完成数控立车主岗工作之余，积极取得铣工的操作资格，实现一人多岗，哪个岗位空缺或人力紧张就马上补上。

有一次，又一个急难活找上刘春先，这次加工的是卫星支架，卫星支架可以理解为是火箭内卫星的“专座”，为了让卫星“坐”得稳固又舒服，他们的加工必须精准无误。这一次因为碳纤维材料随着刀具切削而震动，导致端口的光洁度和圆度严重超差，图纸要求超差不能大于 0.2 毫米，但实际超差接近 0.5 毫米，大家都犯了难，谁也没把握能控制好精度，交付进度一天天逼近，刘春先主动牺牲休息时间，承担起攻关任务。他结合之前加工碳纤维材料的经验，在加工夹具上下起了功夫。通过不断探索，他决定增加临时夹具，并在加工中不断释放应力，成功解决了技术难点，让卫星支架生产得以顺利进行。

复合材料因成分不同，需要特定的刀具来加工，有时候甚至不同位置，工艺参数也是不一样的，必须及时切换合适的刀具。航天型号产品具有小批量和异形的特点，复合材料加工师傅们经常会遇到无刀可用的尴尬场面，但刘春先总能改制出最合适的刀具。

在一次火箭共底加工中，有一条不到 3 毫米厚的复合材料焊漏槽，槽体位置比较隐蔽，如果刀具不合适，很容易把碎屑挤入槽中，造成整个产品报废。传统的成型刀具无法完成这项加工重任，刘春先仔细观察加工情况，决

在工作台上专注操作的刘春先

定手工打磨新的刀具来保障产品质量，于是他特别定制了一把R型的刀具，虽然加工这个刀具颇费了一番功夫，但磨刀不误砍柴功，现在他独创的这一刀具成为共底加工任务中最关键一步所用的刀具，一把小刀具解决了产品生产的大问题。不仅如此，刘春先所在班组最早的很多加工刀具也都是他设计的。

刘春先说航天是他热爱的事业，复合材料加工是加工方面的一个新领域，能让他产生很大的好奇心，每当解决一个问题的时候，他的成就感和满足感就增加一分。

（一院703所　张娅婷 高小方）

一个人趟出一条“垦荒”路

他是“独行侠”，只身赴他乡，不破楼兰终不还；他是博士，也是专家，却甘当工人的“学生”；他像一棵岩石松，百折不挠，绝不放弃。他就是徐强，中国运载火箭技术研究院18所研发中心工程中心陕西分中心技术负责人，他如“垦荒牛”，从无到有，造出国家顶级丝杠。

人们常说：每个人都应该有一个梦想，一个理由去坚强。徐强也有一个梦想，那就是：打破国外先进制造强国对我国精密传动机构行业的技术和市场双重垄断，航天使命、国之担当，尽我辈之努力。为了这个梦想，他毅然放弃了10千瓦大功率机电伺服攻关的研究成果，只身前往我国精密机械技术企业聚集地陕西省汉中市，重打鼓、另开张，在那里扎了根，专心开展精密传动机构技术研究，一待就是七八年。

徐强仔细研究手中的“行星滚柱丝杠”

临危受命，只身出发

行星滚柱丝杠是一种重要的传动机构，能将电机输入的旋转运动转化为直线运动。长期以来，世界发达国家对我国机械工业核心部件——精密传动机构及伺服驱动系统实施军民两用技术和高端市场的双重垄断，导致国内研究进展缓慢，机电伺服核心部件的精密传动机构一直都要向国外采购。外购不仅成本高、周期长，关键是不能与我们的型号产品百分百匹配，一旦丝杠产生问题，传动卡滞或稍不灵活，将对整个产品的性能产生重大影响，导致更多人力、物力、财力的耗费。在现今机电伺服广泛应用的背景下，这是关系到航天伺服核心技术是否受制于人的问题，更是关系到国防建设和国家安全的重大问题。制造出属于自己的行星滚柱丝杠迫在眉睫！18 所研发中心机械电子专业博士徐强临危受命，在这种危急时刻，主动投身精密传动机构技术研究。他只身来到我国精密机械技术企业聚集地——陕西省汉中市，在这里开疆辟土、从无到有，犹如“垦荒牛”一般地默默耕耘。

此前，徐强刚刚带领一个三人小团队，经过无数个艰难的日夜，克服数不胜数的困难，完成了 10 千瓦级大功率机电伺服系统技术的高难度攻关，在 18 所的伺服技术发展史上书写了浓墨重彩的一笔。他放弃了在 10 千瓦项目的功劳簿上锦上添花的机会，把手头工作匆忙移交给其他同事后，便毅然出发、扎根汉中。经过两年多的努力，徐强组建了一支以他为代表的团队，围绕新型行星滚柱丝杠开展了从设计理论研究到工艺设备改造的一系列研究。

奔波数月，抓住最后一丝希望

与普遍应用的滚珠丝杠不同，滚柱丝杠零部件对螺纹的精度要求相当高。螺距不到半毫米、直径一指多宽的滚柱丝杠上有上千个接触点，其螺纹精度要求甚至超过了国际一级水平。2011 年，经过多方调研，徐强怀着满心的希望赶赴陕西省，那里是我国精密机械技术企业的聚集地，拥有国内一流的螺纹设备量具和技术。

初入汉中，一切从零开始。没有场地，徐强就租下简陋的厂房，作为工作场所。没有技术积累，他就四处奔走寻求专业技术帮助。每到一家工厂，他都会详细地介绍航天行星滚柱丝杠的设计要求，可不少厂家被高精度要求“吓倒”，纷纷知难而退。徐强用大半年时间访遍了汉中市各个专业厂家，去沟通、去请教。几个月奔波下来，最终只有一家业内知名工厂决定试一试，徐强仿佛找到了“救命稻草”。为了整合从设计到工艺甚至是机床生产整个行业的资源，搭建起精密传动技术研发平台，实现新型行星滚柱丝杠的创新研制，他始终奔走在技术交流创新的第一线。

下定决心 关键技术必须自主可控！

2014 年 10 月，徐强利用自身在当地的资源积累，租到一个 100 平方米的厂房，购置了实惠的二手机床设备。从设计、工艺、生产管理到检测，他都亲力亲为。

长期的钻研与经验累积，让徐强逐步掌握了行星滚柱丝杠的工艺流程与关键设备的特性。短短两个月，整体螺母式差动行星滚柱丝杠在这个临时厂房里诞生了！

好的开始是成功的一半。徐强带领他的小团队逐步摆脱了传统产品的束缚，以更好地满足航天特殊需求为目标，更大地发挥行星滚柱丝杠使用性能，趟出了一条研制我国顶级行星滚柱丝杠的路。据郑继贵介绍，目前陕西分中心研制生产的行星滚柱丝杠多种型号规格都达到了国内领先水平，部分产品达到国际水平，并形成了近 10 项专利。

做出全世界最好的行星滚柱丝杠

7 年，北京到陕西，陕西到北京，徐强在两地之间奔波着；7 年来，从不懂陕西话，到陕西话交流无障碍，徐强俨然已经成了半个陕西人。如今的陕西分中心厂房有数百平方米，工人多半都是从原先的协作厂追随徐强而来的。“他们追随的是我们的航天事业，不是我个人。”徐强讲道。现在，无论遇到多大的困难，再也没有人说“没法实现”了。

陕西成了徐强的第二个家，他也成了北京家人眼中的“客”。每次回北京，徐强总是先风尘仆仆地赶往单位，跟领导汇报工作，再与家人短暂相聚，而后又赶回陕西。

“我是陷于河中才学会游泳的。”徐强自嘲道。而外人都看得出来，徐强对这项事业是何等的着迷与全力以赴。当被问及是什么力量促使他一路如此坚定地走下来，他这样回答：“因为航天事业需要有自己高精度的行星滚柱丝杠，作为一名航天人，我有这个责任，没有路、自己造路，也要坚持一步步攻克难关。”

“做出全世界最好的行星滚柱丝杠，这在不久的将来定会实现！”说话间，徐强的眼神中透出了一如既往的倔强。

（一院 18 所　李雪雯 / 一院新闻中心　刘莎莎）

谁说 80 后 90 后不能吃苦?

在中国运载火箭技术研究院（以下简称“火箭院”），有一支这样的队伍，为了型号的成功，经常要在大漠戈壁中做试验，一次就是好几个月。他们当中，大部分是 80 后、90 后。从他们身上，我们看到了航天人以国为重的敬业精神和奉献精神，谁说 80 后、90 后不能吃苦？谁说市场经济环境下不要讲奉献？他们是那么年轻，那么有梦想。让我们走进他们，发掘一个型号成功背后不为人知的故事。

不一样的风景，不一样的体验

先坐飞机再坐汽车，一路辗转近 12 个小时，才能到达驻地，从这开始再进入高原，海拔升高，气候多变，一日经历了烈日、大雨、冰雹，终于到达一支执行特殊任务小分队的工作场所。

工作间隙试验队员在戈壁滩上用餐

体验一：蚊子“龙卷风”

这里四周是一片一望无际的芦苇荡，每一棵芦苇上都是密密麻麻的黑蚊子，让人看了头皮发麻。这里简直是蚊子的“天堂”，试验队员的“地狱”！有时候能看到一缕缕“黑烟”从芦苇荡上升起，这是蚊子“龙卷风”，黑压压的蚊子扑面而来，一说话就吸到嘴里。队员们只能穿着军大衣，戴着养蜂专用的面罩，捂得严严实实，每一个人身上都落满了蚊子。

体验二：“高原红”

队员们要在露天水泊中完成水中作业，水的盐碱度很高，军大衣上全是白色的盐碱渍；高原紫外线照射很强，队员们的手臂和脸都有不同程度的晒伤，时间长了，一个个脸蛋上都留下了“高原红”。

体验三：“日光灯”

小分队在现场临时搭建了个吃饭的小屋，条件设施不齐全，没有水电，屋里的光线全来自头顶照进屋中的日光，每天要趁着天还没黑，抓紧时间把饭吃完，队员们美其名曰“日光灯”。

发发都有创新，走一步垫半步

型号主任设计师周主任这样定位自己的团队——先行者、开拓者。数年来，“连续十几次成功，几乎每一次都是新状态，次次都有创新。”简单的数字背后，是他们在创新路上的一次次破茧成蝶。

刘总说，我们每走一步都像在爬坡，从开始随着应用状态的变化，每一次跨越，都要攻克无数个技术难关，实现N多个突破，才能满足用户的需求。

王总说，在发展上，型号队伍一直在走“引领式创新”之路。“走一步垫半步”就是他们其中的一个策略。在型号的每一次研制中，都会超前提出下一步的新技术，并搭载验证，为下一次试验做铺垫。

现在，他们不仅向用户提出了体系化应用新理念，还集中发挥航天科技集团的优势，联合兄弟院及国内其他单位，提出了体系化应用的大思路，进

小孔躺在沙地上作诗：“我把苍鹰还给天空，我把青春留给戈壁，我把思念寄给乳娘，我把梦想留给自己。”

一步构建引领式创新的格局。“我们不仅在引领用户，也在引领竞争对手。”刘总言语间充满了自信。

超强的市场竞争意识

在几年的市场开发中，王总和丽华总深刻感受到，面对当前的竞争形势，必须以市场为导向，以用户为中心。因此，在研制初期，试验团队就积极与用户沟通，提前交流设计思路和设计成果。“力争在设计之初，就是一个好用的产品。”丽华总说，有一次，他们邀请用户前来交流沟通，一个按钮一个按钮、一条信息一条信息地给用户看，不符合用户需求的，就标注出来再设计创新。“满满当当地交流了两天，把人家请过来，也没正儿八经吃饭，都是在办公室吃的盒饭。”丽华总说，用户觉得收获很大，走后，还特意发短信表示感谢。

王洪波副院长说：“战术型号面临的市场竞争尤为激烈，竞争压力越来越大，员工的竞争意识也越来越强，同时我们也感觉到责任更大，担子更重了。”

王总笑称：“跟以前不一样了，我们得像推销员一样，主动向用户推销自己的产品，而且要尽最大努力满足用户需求。”就是把顾客当作“上帝”，把产品做到极致，事事都为用户想在前面，尽量做到尽善尽美。

站在用户的角度想问题，了解用户需求，加强沟通，力争设计出最好用的产品，也是试验队的制胜法宝之一。丽华总说，“在实力与竞争对手不相上下的情况下，即使一个螺钉不好看、不好用，用户也会认为我们团队不行，因此我们不能闭门造车。我们要经常询问用户使用习惯，掌握他们关注的信息，让用户提改进需求，保证设计出的产品好用、管用”。

谁说 80 后、90 后不能吃苦

提到科研人员，如果你脑海里浮现的是头发花白、穿着白大褂的形象，那你就彻底落伍了。别看这个项目任务重、条件艰苦，该型号研制队伍中，绝大部分是 80 后和 90 后的年轻人，且 15% 是博士，68% 是硕士。他们在家是顶梁柱，在单位是主力军，把工作当成事业。

小张是试验队的调度，相当于“大总管”，基地的很多事情都由他来协调安排，他的身影常年出现在试验场 。

一次，他带领 4 辆卡车、3 辆小车押运试验品进场，先遇上持续大风，又赶上大雨，雨过天晴还遭遇前方修路。为了按时送达，小张决定绕道，走一条不熟悉的道路。考虑到产品安全，他冒着危险走在最前面先行探路，确认安全后，才让车队跟进，无论如何也要保证人员和试验品安全抵达试验场。

小丛是该型号的电气系统设计师，为了确保关键技术达到要求，他除了大量自学，还得经常找同行们交流。“在家靠父母，出门靠同学”，他说：“到现在，我已经找遍了能找的从小学到研究生的所有校友。他们帮助了我，我也尽量用自己掌握的专业知识去帮助他们，不让别人低看火箭院的实力。”

小丛给我们讲了一件有意思的事，他说他女儿的小名就是产品的代号，因为孩子出生之日，也是试验成功之日。此外，他说：“每逢纪念日，我总是不在家，虽然有些遗憾，但也挺有纪念意义。”

火箭的每一次发射成功，都有欢呼和庆祝，媒体的宣传报道更是让世人瞩目，而他们的成功是悄悄地庆祝，自己“偷着乐”，甚至不能与家人和朋友分享，共同之处在于内心的光荣与自豪。

（一院新闻中心　方慧 左敬华/一院战术武器事业部　孟兆威）

雕刻火药的“大国工匠”

2016年2月14日，来自航天四院固体火箭发动机装药总装厂的技能工人徐立平，站在了被国人称为“年度精神史诗”的“感动中国”颁奖盛典领奖台上。“每一次落刀，都能听到自己的心跳。你在火药上微雕，不能有毫发之差。你，是一介工匠，你是大国工匠。”当主持人宣读颁奖辞的那一刻，国人都在为航天点赞，为航天人喝彩！

感动中国的背后，是徐师傅在危险岗位32年的默默坚守与付出。32年，一万多个日日夜夜，徐立平和他的同事们用心做着一件事——为固体火箭发动机推进剂药面进行“微整形”，以满足飞行的各种复杂苛刻要求。这个岗位需要极高的精准度，而与精准相比，它的高危险性更是令人生畏。固体燃料的特殊属性使整形就犹如抱着炸药包，一旦操作不慎，就会瞬间引起燃烧

徐立平被授予2015年感动中国人物

徐立平正在全神贯注进行整形

甚至爆炸，操作人员逃生的机会一丝都没有！迄今这仍是一项世界性难题，再精密的机器都无法完全替代人工。

1987 年，不到 19 岁的徐立平从航天技工学校毕业后，来到母亲曾经工作的地方——航天四院 7416 厂固体火箭发动机装药整形车间。入厂教育的第一课就是发动机点火试验，现场巨大的轰鸣声和腾起的蘑菇云，深深地震撼了徐立平，而随后的安全培训更是让他刻骨铭心。仅仅是一小堆废药，在遇到明火后瞬间产生巨大的火光和冲天的浓烟。一起参加培训的同事们都惊呆了。“这玩意儿太厉害了！”而那时徐立平才知道，原来自己将要从事的工作，荣耀背后竟是如此的危险！

他暗下决心，一定要练好这门手艺。在师傅的指导下，他从最基本的拿刀、推刀学起，在试件上反复琢磨和练习，下刀不能太深、切削要薄、用力要匀，更重要的是“心要静，不可浮躁，要心无旁骛”。他一刀一刀勤学苦练，练到手臂酸痛也不肯停下，刀具都不知道练坏了多少把。

功夫不负有心人，徐立平的手越来越有感觉，时间长了，用手一摸，就能知道如何修整出符合设计要求的药面。0.5 毫米，是固体发动机药面精度允许的最大误差，而徐立平整形的精度，不超过 0.2 毫米，一张纸的厚度，堪称完美！

选择整形岗位，就意味着选择与危险为伍，与死神做伴。7416 厂被称为“花园式工厂”，然而掩映在鲜花绿树中的，却是一道道高高筑起的隔爆墙。进入徐师傅工作的厂房前，要经过一系列的安全保密教育并做好防护措施。不能穿带铁跟、铁钉的鞋，不能带任何可能产生火星的东西，手机要存放到指定位置，要穿上特制的防护服，戴上厚厚的口罩，要多次触摸导静电棒，释放身上的静电。空气中弥漫的是带着强烈刺激、说不上是酸还是甜的气味，让人待一段时间就要到外面去透透新鲜空气。

1989 年，我国某“撒手锏”型号发动机进入研制攻坚阶段，却连续试车失利，又一台即将试车的发动机发现药面脱粘。情况刻不容缓，为了彻查原因，专家组毅然决定，就地挖药，寻找“病根儿”。

就地挖药，意味着要钻进已经装填好烈性推进剂的发动机燃烧室内，挖出浇注固化好的炸药，艰难可想而知，危险更是不言而喻。没有丝毫犹豫，一支平均年龄三十岁出头的突击队迅速组成。院、厂领导第一个钻进去查看情况，经验丰富的班组长打孔探明位置，车间主任当起了“首操作”……在他们的带动下，当时还不到 21 岁的徐立平，主动请缨加入。

狭小的空间，人半躺着，如“芯材”一般被包裹在成吨的炸药堆里，忍受着浓烈而刺鼻的气味，用木铲、铜铲小心翼翼一点一点抠挖。那一刻，所有人都清楚，他们是在与死神比肩！高度的紧张和缺氧，每人每次在里面最

徐立平班组员工完成作业走出工房

多只能干上十几分钟。作为最年轻的突击队员，徐立平每次进去总要多坚持几分钟，好让师傅们多缓一会儿。

就这样，如同蚂蚁搬家，历时两个多月，挖出300多千克推进剂，成功找到了故障原因，重点型号研制的“拦路虎”被彻底排除！

在这场攻坚战中，队员们经受住了巨大的体力和毅力的双重考验。在挖药过程中，他们不同程度出现了头晕、恶心、呕吐等各种不适和病痛……任务结束后，徐立平的双腿疼得几乎无法行走，所幸在高强度的物理训练下才逐渐恢复了过来。像这样危险的任务，徐立平自己都不记得承担过多少次了，而每一次他依然会毫不犹豫冲在最前面。

“再艰难的道路总要有人走，再危险的岗位总得有人去干！”这是徐立平常挂在嘴上的一句话。航天梦，中国梦，当我们翘首仰望一枚枚大国利剑直刺云天时，我们应该记住，无数以燃烧的激情托举它们的默默奉献的徐立平们。他们用航天人特有的志气才气，以一技之长而铸利剑之坚，以一身犯险而保大业安全。

徐立平也有感到累的时候。但他说，每当看到自己精心呵护的一件件产品呼啸苍穹时，心中的自豪是任何东西都换不来的，那一刻，他觉得自己付出的一切都值得！

（四院　张立中 田鹏）

深入戈壁书奇志

在四院 401 所安评中心有一张让人印象深刻的照片——蓝天白云、晴空万里、茫茫沙漠下，一群晒得黝黑、身穿蓝色工装的人在镜头前绽放微笑，手中的“党员先锋队”队旗和工服上左胸口的红旗格外鲜艳。这张拍摄于2017 年的照片是401 所导弹武器安全性试验与评估中心的日常“工作写真”，他们每年都会因为装备的安全性考核，深入戈壁，开展一次又一次外场试验，将荒芜的戈壁滩变成了焕发希望的“蓝色海洋”。

他们主要从事固体火箭发动机地面试验，整日和导弹、固体火箭发动机这些神秘的高危险品打交道，还要人为地给其提供爆炸、火烤、轻重型武器打击等考验，以此获取武器装备在各种危险环境下的反应数据。这群天天上“战场”的科研工作者的日常工作是对航天精神最朴实的诠释，他们不停地挺进秦岭山麓、深入戈壁腹地，开展一次又一次试验。

库存发动机销毁试验队全体成员

2014年，试验需要测试的参数非常多，外场试验没有现成的测道，而试验又需要测量爆心周围一定区域内的多点冲击波超压参数，因此每发试验前都需要在测点和测试设备间铺设60根600米长的测试电缆和1根1.5千米的控制电缆，每根电缆都近百公斤，在高低不平、长满骆驼刺的戈壁滩进行线路铺设本身就是一项十分困难的工作，而他们还要在试验后回收电缆，再转场、重新铺设……连续17天的作业战斗里，他们每天披星戴月，早早踏上了前往试验场的征程，在美梦还没来得及将疲惫融化时，他们就已进入自己的岗位。为节约来回两个多小时的车程，中午大家就挤在大轿车开辟出来的唯一一块阴凉里，吃着自带的面包，就着凉水和风沙，听着老师傅娓娓道来的401所传奇和老一辈航天人自力更生、艰苦奋斗的故事。只有在结束了一天繁重的工作后，才敢去想牙牙学语的孩子，才顾得上了解即将面临中考的孩子的学习情况，才有时间打电话仔细询问卧病在床的老父亲……

2019年春节前，正值阿拉善戈壁滩最冷的时节，温度低达零下20多摄氏度，漫卷的风沙在空旷的荒滩上毫无忌惮地肆虐着。高速摄影设备都被"冻"得无法启动，他们就把衣服解开，将这团"冰疙瘩"抱在自己的怀里取暖。贴片时，冰冷的发动机壳体无情地将寒意渗入大家被冻得像胡萝卜般红肿的手上，几个片子贴下来，手指就麻木僵硬了，为保证应变片的牢固粘贴，当凝胶冻结时，他们还要用那不算温暖的双手捂上，将它一点一点地融化……他们僵硬的手指被冻得不再灵活，却可以凭借着娴熟的技艺和惊人的

雨中进行冲击波超压测试布线

行走在戈壁滩上的安全性试验党员先锋队

意志，将每一个应变片的位置和角度都粘贴无误。在这种极端恶劣的天气下，大家一干就是五六个小时，头晕、眼花，却没有一个人从岗位上退缩。

2019 年夏天，他们再入阿拉善，第一天作业就碰上阿拉善多年未见的大雨。试验技术组和装配组的兄弟们就在雨中攀登 11 米高的跌落架进行翻板的装配。巨大的翻板在雨水中变得格外湿滑和沉重，雨水和着汗水流过眼睛，遮挡了视线，为高空作业再添风险。同一时间，销毁台上的准备工作也在如火如荼地进行着。几位负责装配的同事在试验台上挥舞着扳手、撬杠，按照工艺文件一点点调整着巨大的试验框架，淋湿的工作服紧紧地裹在身上，但他们仿佛丝毫没有察觉。冒着雨奔波在戈壁上，搬运发电机、电源以及各种设备，任汗水连同当地人期待已久的雨水一起流进戈壁滩荒芜的土地里，就连午餐都是混着戈壁清凉的雨水与风沙一起下咽。

7 月，无情的烈日如火焰般毫无遮挡地喷吐到荒芜的阿拉善戈壁上，未到中午，地表温度就已接近 50 摄氏度，头顶的蓝天却如同被洗过一般，蓝得发亮、没有一片云彩，如烤炉般的戈壁升腾起一股股热浪，模糊了远处青色的贺兰山，扑面而来的热气让人的呼吸也变得急促起来。暴露在烈日下的发动机外壳、传感器都变得滚烫，可是他们却全部坚守在发动机贴片岗位上。下午 3 点左右，连续在烈日下暴晒 3 个多小时，大家纷纷出现了头晕、恶心、呕吐、虚脱等状况，可是为了保证进度，他们每人喝了几支藿香正气水后就又都回到了自己的岗位。

一次又一次的外场试验，发生过许许多多感人的故事，他们也用欢笑、汗水、坚韧的毅力和无私奉献的精神一次次完成任务，点亮梦想。他们就像阿拉善枝叶璀璨神奇、树干苍然屹立的神奇胡杨林一样，用铮铮铁骨和对航天事业的热爱在这片西北荒芜的戈壁上印刻上自己的名字，书写下自己的志向！

（四院 401 所　赵继伟 胡俊）

最困难的时候离成功最近

2002 年 5 月 16 日 14 时 45 分，在安河畔的试车台上，经过日夜鏖战，高压补燃液氧煤油发动机第五次整机启动试车即将进行。

身穿白色抗静电工作服的张贵田神情肃穆地坐在指挥控制大厅，带着一种胜券在握的安详。

“点火！”随着指挥员的一声令下，发动机爆发出雷鸣般的吼声——启动平稳，工作正常。发动机按程序关机，启动过程与仿真结果完美吻合，试验获得圆满成功。

“啊！成功了！”

“终于成功了！”

观察室里爆发了一阵阵热烈的掌声。人们欢呼着，跳跃着，拥抱着，所有人都沉浸在无比激动的氛围中……

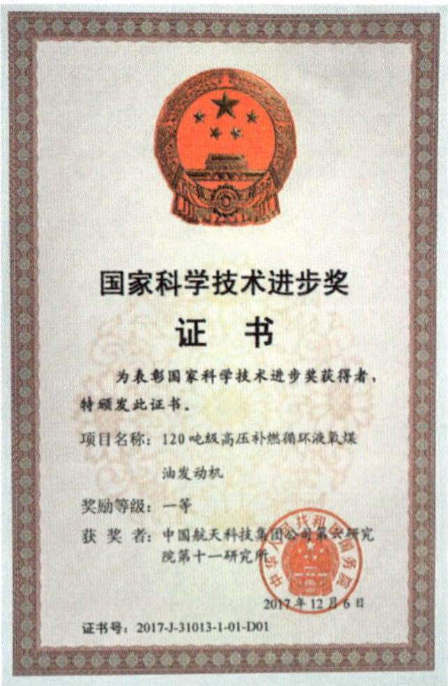
国家科学技术进步奖

证 书

为表彰国家科学技术进步奖获得者，特颁发此证书。

项目名称：120 吨级高压补燃循环液氧煤油发动机

奖励等级：一等

获 奖 者：中国航天科技集团公司第六研究院第十一研究所

2017 年 12 月 6 日

证书号：2017-J-31013-1-01-D01

2018 年液氧煤油发动机喜获国家科学技术进步奖

液氧煤油发动机团队在试验现场

喜悦的泪水模糊了双眼，往事一幕幕涌现在眼前……

如同飞机的起飞和降落是最难控制、也是最容易出事的时侯一样，液体火箭发动机的启动和关机亦是最复杂的环节。尤其是启动过程，在零点几秒内，发动机的转动要从静止状态加速到每秒钟几万转的高转速，燃烧组件要从几十摄氏度的环境温度升到三四千摄氏度高温，启动过程的每个指令都必须精确到百分之几秒。任何一个环节设计有偏差，都可能导致发动机出现故障甚至发生爆炸。

2001 年 4 月 26 日，第一次整机试车启动，刚刚点火，只见闪电似的一道光悠忽而过，腾然升起一个巨大的火球，随即传来一声震耳欲聋的声响，浓烟烈火迅速地弥漫了整个试车台，紧接着试车台旁边辅助设施的门窗被冲击波都掀得变了形，玻璃碎了一地。

2001 年 7 月 25 日，第二次试车开始前。“临时要不要关机，你全权负责，不要商量，不管成与败，不要说责任，有什么责任我来担。液氧煤油发动机是闭式循环，出事情很快，你要凭借经验当机立断！”张贵田对试车总指挥李伟民说。

“点火！”试验场上火光通红，映红了半边天。李伟民当机立断，迅速关机。还好，产品没有爆炸，还拿到了 2.84 秒的试车数据，为后续的技术研制做了铺垫。

让所有研制人员不堪回首、身心俱碎的是 9 月 28 日第三次整机启动试车又惨遭失败。

失败如影随形。12 月 6 日，在第四次试车过程中，厚达 17 毫米的高温抗氧化合金 0.3 秒左右就被烧穿，发动机支离破碎，涡轮泵爆炸了！强烈的气浪像撒野的猛兽，爆裂声撞击着观测室的防震玻璃，似乎要将整个试车台掀翻了才好。

一台由几万个零件组成的发动机，是数千人加班加点几个月的工作成果，是几百万元的资金投入，是整个研制团队用自己的心血孕育出来的另一个孩子。

四次试车，四次失败，试车台被厚厚的干粉灭火剂覆盖。大家苦中作乐，“咱这试车台成锅炉房和石灰窑了”。

怀疑声、质疑声，声声入耳。靠我们自己的力量，还能不能实现点火启动？研制人员的心似油煎。失落的表情挂在脸上，失败的阴影撞击着心扉。吃饭不知道啥滋味，夜里更加睡不着觉，辗转反侧，一睡着就梦见发动机试车爆炸，火光冲天，浓烟滚滚……

无人处，肆意横飞的雨水打湿了张贵田的衣襟，他不由地打了一个寒战。从事发动机研制整整 40 年，从来没有像今天这般失落和无助。启动过程只是液氧煤油发动机研制的第一道坎，倾尽全力却连第一道坎都迈不过去，往

液氧煤油发动机团队参加合练

后怎么办？

饭点。往日喧闹的职工食堂沉闷无声，大家无精打采，气氛沉重压抑。“平日里，大家都叫我老爷子，今天，我以一个老设计员，一个干了40年工作的老爷子身份跟大家谈谈心。再没胃口，饭还得吃，再大的困难，我们也要硬着头皮上！技术问题认识不到就是一座山，怎么都绕不过去，认识到了，就是一张纸，一捅就破，认识的提高总有一个过程，咱们现在就在这个过程里摸索，大家记住——最困难的时候，就是离成功最近的时候！大家不要气馁！”张贵田一席肺腑之言让原本安静的食堂，猛然爆发出热烈的掌声。

确如张贵田所说，技术问题就是一张纸，认识到了一捅就破。大家集思广益，绞尽脑汁，独辟蹊径，一个个绚丽的创新“亮点”在研制的各个阶段掀起了阵阵波涛。大家按照闭式循环发动机的规律对关键部件进行重新设计，对零、组件的攻关进行了深入细致的分析和大量计算，对关键技术分别进行单项论证和技术迭代，很快拿出了新的发动机技术图纸。

（六院　梅小娟）

无人迹处有奇观

秦岭深处，有怪石隽永，有流水湍急，有风云变幻，可并非绝无人烟。还有这样一群人，扎根山沟，“献完青春献终身，献完终身献子孙”，他们是常规液体火箭发动机试验团队。大山深处的坚守，一次次震山轰鸣，一片丹心在远离尘嚣中千锤百炼，从最早三线建设时期进驻凤县红光沟的拓荒者，住着自搭自建 、四面漏风的茅草房开展试验，到如今传承了拓荒者精神和血脉的“航二代”“航三代”，航天人追梦不止，传承者续梦不止，“航天三大精神”的故事流传不止。

奉献是航天人的主旋律

“为什么我们不恋闹市钻山沟，为什么我们远离欢乐不言愁，为什么我们抛洒青春不吝啬，豪饮孤独当美酒。”一首老歌，旋律闭着眼便在回想，歌词随意便可以哼唱，凤州试验区的老职工们对此都见怪不怪，正如歌声所

参试人员在狭小的空间里操作

诉，奉献是航天人的主旋律。

4月30日傍晚，多数人已经享受起五一小长假的休闲时光，山沟沟里阵阵轰鸣，凤州试验区的参试人员还在坚守阵地，刚刚完成一台次紧急试验任务，这已是短短四个月来的第87台次试验。

2019年以来，凤州试验区承担的紧急试验任务越来越密集，参试人员只能开启加班加点的火热模式，一心为紧急发动机产品提供可靠保障。

试验能取得成功离不开全体参试人员对关键环节的反复确认和积极配合：产品组在安装泵前管路时严格控制多余物；工艺组对管路加注后排气过程进行反复确认；测控组仔细查验控制程序的准确性并对电缆与设备的情况进行检查；相关职能部门协调保障，试车前间、测控大厅、介质库房都能看见他们忙碌的身影。

“踏着前辈的足迹，继承传统，奋战深山，从凤县中来，到奉献中去。”90后“航二代”姚羽佳这样说。

提炼秘诀保成功

试验是发动机研制过程中的最后一道关卡，涉及到的岗位众多。2019年，参试人员在凤县驻守近300天，试验任务计划完成率100%，关键参数获取率100%。

组内讨论时的场景

试验前检查消防水

积年累月的试验工作，提炼出来之不易的“秘诀”：“三化”与“三精”。即验收流程化、记录专人化、岗位熟练化；试验技术精细、试验流程精细、试验管理精细。

简单的“秘诀”，对应着的是3149个管路接口、50余个测量参数、全流程130多个检查项目的不断梳理和总结。

青山环抱，夏季固然凉爽，冬日却必定清寒。试车台前间，温度低至零下14摄氏度，操作人员穿着厚重的棉衣，还在咬牙坚持着。发动机试验气密性检查用的肥皂泡刚涂抹在检查部位，转眼就结成冰，可为了确保阀门气密性，只能鏖战冰点，克服困难。试验刚刚结束，正值饭点却有人直接在试验休息间睡熟了，背后的墙壁上赫然写着：“努力到最后一刻，奋斗到感动自己。”

提质增效铿锵行

面对试验任务激增的严峻形势，所领导班子深入一线剖析现状，分解难点。参试人员根据各自岗位的不同特点，从提高效率和保证质量两方面入手，梳理现有的试验流程和风险控制。

为了缩短试车准备时间，通过人员轮岗学习、优化试验流程、试验系统准备及切换模块化等系列有效措施，将原来3天的试验准备时间压缩到1天，提高工作效率。凤州二号台前间一层栏杆及钢平台及时优化改造，避免试车时反复拆除栏杆及吊装钢平台，保障人员安全。

午休和晚饭时间，试验台上还有不少身影。试验任务重、时间紧，不知从何时开始，“过会儿去吃”变成了“现在没空吃”。参试人员赵涛的母亲生病住院需要动手术，他没什么时间照应，请了假也因手术时间变动，又主动回到岗位上准备试验。从母亲住院到手术结束，赵涛没有耽误一天工作，他总说：“我好好计划安排一下，能错开时间。”这样的小事在秦岭深山之中每日上演，大家的心中只有一个信念：发动机研制工作不能在自己手中耽误。

没有豪言壮语，无需慷慨陈词，试验任务还在继续，站在试验区考台试车五十周年的新起点上，“次次试验测准测全，台台产品严格检验”贯彻在全体凤州试验区工作人员的心中。他们用行动诠释着追梦航天、为国争光的崇高理想，勇于攀登、敢于超越的进取意识，严慎细实、开拓创新的工作作风，团结协作、勇担重任的高尚品格。

（六院 165 所　王玮婕 李佳霖）

励精“涂”治 “层”出不穷

2013 年 12 月 14 日，7500 牛发动机搭载着所有西发人的期盼和愿望，成功实现了“嫦娥三号”在月球表面软着陆这一中华民族的伟大壮举。着陆过程那“冰与火”的碰撞间，一袭灰色、质朴的外衣，为发动机喷管抵挡住冷与热的循环、高温的炙烤与冲刷。它有一个特殊的名字——“827A”铌钨合金高温抗氧化涂层，它凝聚了 7103 厂所有涂层研发工作者的汗水和憧憬。

铌钨合金高温抗氧化涂层惊艳亮相的背后，是坚守在科研、试验、生产最前线的涂层研发团队。从高性能姿控发动机、常规运载火箭推力室到大推力液氧煤油发动机涡轮泵，他们一次次不辱使命，为发动机研制保驾护航。

“从无到有的突破”

“厂里的需要就是我的责任”，带着这句话，涂层工艺李师傅接下了这个一切从零开始的重担，开始了 7103 厂涂层研发的序幕。

1994 年至 1997 年，研发团队足迹踏遍上海硅酸盐研究所、北京航天材料研究所、沈阳金属所、宁夏东方钽业，从南到北，从交流到研发，经过了难以言喻的艰辛过程，“103”铌铪合金涂层终于扎根落户 7103 厂。作为工厂第一代高温抗氧化涂层，它经受住了考验，助力最早的高性能姿控发动机翱翔天际、守家卫国。

2013 年，“103”涂层刚刚走下舞台，性能、状态更好的“103A”铌铪合金涂层接过了它的使命，我们相信，它为国防留下的炫彩会弥留永久。

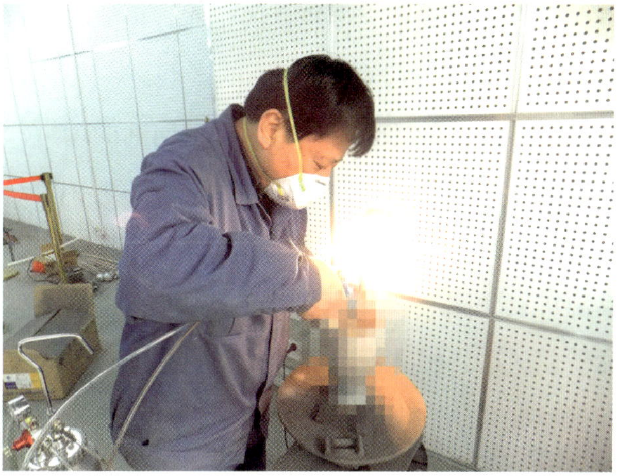

朱师傅正在手工喷涂某型号产品

“从手工作坊到现代化装备”

一个气瓶、一把喷枪、一组马达，这是喷涂厂房当年最早的家当。高耸矗立的水塔下，简陋的喷涂间里，靠着这些装备，操作工朱师傅一直带着防尘口罩，在等离子喷枪的轰鸣声中、在焰流的炙烤下、在金属粉尘环境里，完成了一台台喷管、罩、涡轮泵组件的喷涂工作，一年又一年，直到2014年。

如今，场地变了，在院、厂领导的关怀下，研发中心搬进了宽敞、明亮、现代化的新厂房；设备变了，原来的小作坊配置了最先进的装备，机器人、隔音房、PLC 自动控制系统。朱师傅再也不用顶着火焰、带着耳塞操作十几斤的等离子喷枪，一干就是一个星期。人变了，朱师傅从青涩少年到两鬓斑白，徒弟亦可独当一面；但是，心没变、干劲没变，艰苦岁月磨砺出的那份意志、决心，督促着他们始终不改初心，不分昼夜地奋战在最前线。

“不断挑起的重担 一直走在科技的前沿”

蔡刚2008年入职，进入7103厂研发中心工艺组担任涂层工艺。年轻气盛的他入职没多久就迎来巨大的挑战——攻克7500牛发动机大喷管高温抗氧化涂层的研制难题。自此，他便踏上了一条“不归”路：一直投身一线进行工艺试验，从来没有工艺员、工人的分别；废寝忘食的工作，可能连他自己也忘记经历过多少个通宵达旦，放弃婚假、陪护妻子的产假，一心扑在高温抗氧化涂层的研制中。当然，领导的关怀也是一直激励他向前的动力。“827A”铌钨合金高温抗氧化涂层助力“嫦娥三号”落月的那一刻，他只是收起自己的欣喜和激动，继续默默地工作，因为他还有更高的目标——研发出新一代性能更加优越的高温抗氧化涂层。

纳米技术带来的科技革命看似遥远，但在液氧煤油发动机研制过程中，它却真实地呈现在我们眼前。俄罗斯人用高温涂搪技术解决了发动机富氧燃气路金属组件的抗氧化、阻燃难题，但过高的烧结温度却严重损耗了基材的力学性能，在这道看似无解的难题面前，西发人找到了一把破解的钥匙——纳米化。纳米改性带来的高表面能效应使涂搪温度降低了近 200 摄氏度，在抗氧化、阻燃防护的同时，保护了基材的力学性能，为液氧煤油发动机的研制提供了技术支持。

外协过程中的质量控制一直是困扰涂层生产的难题，从 703 所、宁夏东方钽业到中南大学，每一个外协单位背后都有数不清的支持和努力。现在，从高温抗氧化涂层到纳米改性搪瓷涂层，在涂层研发团队不懈努力下，涂层的生产模式逐渐实现由外向内的转变，这种转变不仅仅是效仿、替代，更是一种创新和超越。

喷涂机器人正在进行自动喷涂

新一代高温抗氧化涂层、金属陶瓷复合涂层、高性能热障涂层……今天，在涂层队伍不断壮大的同时，新的任务、新的使命激励着 7103 厂涂层研发团队不断向前。

（六院 7103 厂　张蕊 王国强）

年轻就是资本

当下，青年已从老一辈航天人手中接过接力棒，成为我国航天事业建设中的中坚力量。他们心中有着浩渺星空的探索梦想，也有着脚踏实地的实干精神。航天科技集团六院 11 所（京）氢氧发动机团队中就有这样一群青年。

把活儿抢出来

“干劲儿很足”，这是同事们对试验测试中心年轻小伙儿冯楚翔的评价。

在一次可靠性提升工作中，试验测试中心需要在最短时间内将所有原始数据都找出来，用于详细数据分析。高达 1G 的数据量，这一找就是一整天。出于保密等管理的严格要求，数据传递的过程也并不简单。一个个数据导出，刻盘，再导入，焦急的心与淡定的老式电脑不断“较劲”；恰逢大院因停电导致网络异常，单为数据摆渡，冯楚翔又奔波在了试验测试中心和所大楼之间……

找完了数据，相关的配合试验接连而来。“把活儿抢出来”成了试验测试中心那段时间的真实写照。

右二为冯楚翔

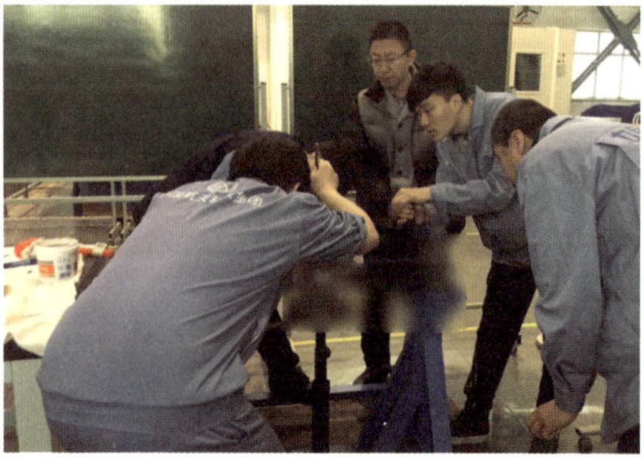

“急活儿重要，但其他的活儿也不能落下，只能找时间把活儿抢出来”，冯楚翔说道。这个小伙儿和团队一起赶进度、争时间。周末晚上的试验测试中心，依旧灯火通明。

把自己该做的、能做的做到极致

凌晨 4:30，周围一片寂静，在处理完手上最后一组数据后，主推进发动机设计部的周宁终于放下手中的活儿，趴下小憩。一夜的工作，有进展、有成效，夜没白熬，周宁内心总结道。但他不敢多想，要抓紧时间休息。再过 3 个小时大家来上班，新一轮的连轴转即将开始。

在仅仅半个月的时间里，周宁的加班时间长达 104 小时。“年轻就是资本，熬得起”，在采访到是否会累时，这个小伙儿满脸微笑，阳光地答道。

在所里读研两年，入职一年，这位 90 后新员工编写的振动数据分析软件，分辨率高、效率高，而且能够进行批处理，将提取到的详细信息进行规律研究。

“把自己该做的、能做的做到极致，为领导决策提供尽可能多的支撑”，周宁说。“要提高我们的设计、分析能力，开发适合我们自身的高质量、高效率工具，将我们的时间更多的用在分析和总结，而不是重复劳动上。”

多看点、多学点，尽可能地用理论支撑技术改进

在一次交流讨论会上，涡轮泵设计部的李龙站起来说出了跟大家不太相同的观点。一个年轻人能在专家面前有理有据地提出自己的想法，这让大家

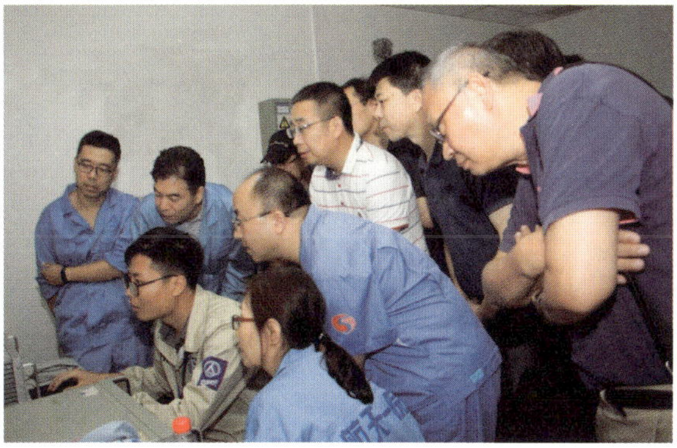

第一排右二为周宁

李龙晚上加班场景

对这个“敢于发声”的小伙儿印象深刻。

“所里和室里氛围都特别好，能够鼓励我们去表达。”李龙说道，“我看了很多国内外的文章，有一篇外文文献跟我们的情况很像，应该可以参考借鉴。”

他的“敢言”，源自于对科学态度的坚持，更源自于主动翻阅大量文献后的理论自信。“多看点、多学点，尽可能地用理论支撑技术改进。”

五一节假日一早，李龙踏上了去哈尔滨的路程。哈尔滨工业大学负责此次故障相关仿真计算工作，而作为联络及基础数据提供者，李龙还是觉得去看一看更放心。“前期没时间，正好利用假期，可以去看一下，确认一下初始条件、边界条件等是否与我们的情况完全一致。毕竟是发动机产品，我们自己的理解最透彻，去了肯定是对仿真计算的准确性有益。”李龙说道。从哈尔滨回来的第二天，他又加入了组里的加班队伍。

在坦途中，青年们不疾不徐地全面成长；在挫折中，青年们更增添动力，主动吸取营养急速成长。如今，11所(京)的青年已经实现了从航天“生力军”到“主力军”的跨越，在各个岗位上都发挥着重要作用，释放着巨大能量。未来，他们更将在“高质量、高效率、高效益”的道路上不断谱写青春之歌，为实现航天梦贡献青春力量。

（六院11所（京） 孟俊贤）

幸福是奋斗出来的

2006年，小青年陈云波经单位热心大姐介绍，认识了中学女教师陈维瑶。据陈老师回忆，第一次见面，这个身形高大、双眼皮、大眼睛的男生，就给她留下了不错的印象。但是，这次还算愉快和投缘的见面之后，男方竟然玩起了消失：连续几天都没有短信进来，那个刚加上的用自己“招牌式”笑脸做头像的QQ账号，也一直处于灰色未上线状态……陈老师想过给他留言，但出于女生的矜持，又多次“欲言又止”。

此时此刻，左右为难的陈老师并不知道，那个阳光大男孩正在经历他入职以来的第一次“大考”。一项十万火急的某重点型号产品技术攻关工作，把陈云波固定在单位总装车间生产现场，切断了他和家人、外界，包括那个让他一见倾心的姑娘的一切联系。一道军令重如山，他顾不了那么多了，事实上除了一轮一轮做试验，一遍一遍取数据，一次一次做优化，他确实什么也顾不了。他已经连续50个小时没合眼了，眼睛里布满血丝的他，只想等产品状态确认后，回家美美地睡上一觉，然后约陈老师去吃邮亭鲫鱼，匆匆一面，他记住了她喜欢吃鱼。

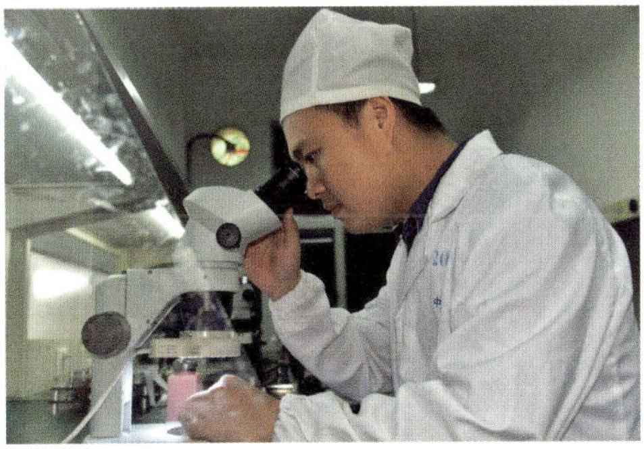

陈云波在总装现场指导和操作

陈云波在靶场

可是，产品要马上“快递”到靶场，他也要和产品一起被“快递”过去。“参加总体试验，直至试验成功。”第一次去那个同事们口中常常提及的靶场，陈云波是兴奋的，他甚至忘了连日奋战的疲惫，只是在启程的时刻，他才突然意识到不知归期几何。于是，他拿起手机给爸妈打了一个简短的电话，又给陈老师发了一条长长的充满歉意的短信。

此后每天晚上十点钟，陈老师都会准时收到陈云波的短信。在短信里，她读到美不胜收的落日、憨态可掬的牛羊、叫不出名字但羽毛很漂亮的鸟儿，还有男孩子嘘寒问暖、无微不至的关心。至于恶劣的气候、苦寒的环境、高难度的火工品安装测试、高危易爆的风险、确保成功的巨大压力，陈老师将永远无从知晓。

“两处春光同日尽，居人思客客思家。”两个月过去了，试验任务终获圆满成功。陈云波准备给日夜牵挂的人一个惊喜。可让他沮丧的是，如果不是自报家门，陈老师根本没有把那个在校门口手捧鲜花的黑瘦小伙儿，和陈云波对上号来。对比两个月前，陈云波黑了几分，瘦了十多斤，但招牌式的笑脸没变。看着风尘仆仆的陈云波，陈老师心头一热，眼睛突然一阵酸涩，她心疼他，同时又感到如果嫁给航天人恐怕将来要吃苦头。可是，两个月的“鸿雁传书”，她分明早已经对眼前这个细腻敦厚、踏实认真的男孩芳心暗许。

陈云波是幸运的，他获得了事业上的第一次成就感，也收获了宝贵的爱情。说来也奇怪，也许是好事多磨吧，此后他们家庭生活中的每一个重大节点，总要遇到他工作上的重大“事件”。

比如，他们正准备结婚的时候，某产品质量归零工作又不期而至。这不是一次简单的归零，为攻克某新技术的薄弱环节，从6月中旬至7月底，陈云波在动辄40摄氏度的川南酷热天气里连续奋战，实在困了就在试验现场的简易床上小憩一会儿，而婚期理所当然地推迟了。一个多月的夜以继日、废寝忘食，技术难关终于被攻克了，该项攻关结果还被应用到了集团公司的可靠性提升工作中，改进后的产品也在各大重要型号上得到推广应用。

而就在女儿出生那年，陈云波又参与到某大型运载火箭配套火工品研制中，先后完成了电火工品统一化设计，高密封性电点火器设计，组推下支点分离装置内装切割索组件设计，助推器前捆绑分离与连接大吨位爆炸螺栓设计，主推分离、一二级间分离反推火箭设计，以及该型号首飞期间火工品系统技术状态确认、生产质量复查等一系列急、难、险、重的工作。

研发工作是寂寞、清苦、枯燥的，一个型号从开始研制到实现首飞，往往要历经若干年之功。该型号实现首飞之日，女儿已经上小学二年级了。在更可靠、更安全的长途跋涉中，陈云波不知写了多少份报告、做了多少次试

陈云波陪伴女儿玩耍

验、熬了多少个通宵。所幸，家庭给了陈云波足够的慰藉和动力。他也总能在工作和生活中找到巧妙的平衡，在做好工作的同时，不让丈夫、父亲的角色缺位：为了实现“星期天带女儿去逛街”的诺言，他周三就开始安排自己加班；单位举办篮球赛、足球赛，他总会邀请妻子、孩子一起来看他作为绝对主力的表演秀。

随着技术的进步，陈云波从设计员一路成长为副主任设计师，亲手设计了 30 多种火工品，成功攻克多项技术难关，先后分管了 40 多个重大型号 300 多种火工品的设计工作。因其工作认真负责、技术水平突出，他还被吸纳为载人航天工程办公室火工品专家组成员，并获得长征五号运载火箭首次飞行任务突出贡献者称号。就在他作为副主任设计师，组织完成八类航天火工品通用规范的集团标准编制时，就在他作为研发中心党支部书记，用理想、信念和个人魅力凝聚起一支朝气蓬勃、团结向上的研究设计队伍时，二女儿热热闹闹地降临了。

从此，这位优秀设计师最幸福的时刻是：白天主抓型号火工系统研发工作、基层党组织建设工作，很少不加班的晚上主抓大女儿的奥数题，顺便给二女儿调好奶粉、换好尿不湿，并不由自主地哼起一支幸福摇篮曲。

事业不断进步，家庭幸福美满。在外人看来，陈云波是如此幸运；在自己看来，幸运也大抵如此。陈云波幸福地奋斗着，无论遇到多大的困难，他都报之以招牌式的笑脸。他始终坚信：幸福是奋斗出来的，干航天是幸福的，个人、家庭与航天共成长，成长过程、奋斗本身也是一种幸福！

（七院四川航天川南火工技术有限公司　吴国雄）

“航天人好样的！”

“工具深度 2600 米”“信号正常”“工具深度 2800 米”“信号正常”“工具深度 3000 米”“信号正常”……随着一声声卫星发射式的播报，油气田钻探现场顿时一片欢腾，尤其是液压装备事业部的几名工作人员，他们激动地拥抱在一起，任凭大雨淋在身上也不管不顾，只是忘情地欢呼……

会议室：组建项目团队，群策群力

2014 年 11 月底，“井下测试系统”项目科研生产工作正式启动，12 月初，成立了由项目负责人、市场、设计等 7 类人员组成的项目组，全面展开各项工作。

在设计前期，项目组的全体成员共同参与评审，大家群策群力，充分发挥各自的特长，使产品在设计理念和设计要求上都趋于完善，同时还提高了每个人对产品的熟悉度，以便迅速开展后续工作。

从有了该项目的一个设想，罗凯阁就开始试敲江汉油田的大门，用他百折不挠的诚意和“航天”这块金字招牌，最终获得了这个项目的试制订单。项目启动了，他经常跑一线，协调解决各种问题，督促项目的进度，并就产品的通信部分，积极与高校交流战略合作问题，为项目的最终交付立下了汗马功劳。

石油装备项目部的王强是项目组的技术负责人，负责项目的所有技术设计和协调工作。为提高项目的成功率，他带领技术人员前期做了多个产品技术方案，经多次评议，各项试验最终才确定了最佳方案，在他的带领下，成功解决了高温高压下产品的密封性难题，该项目的电磁波通信传输技术达到了世界先进水平。

工作现场：打响攻坚战役，全力以赴

“2014 年 11 月 24 日，下发投产通知；2014 年 12 月 1 日，完成图纸绘制；2014 年 12 月 7 日，完成工艺编制……2015 年 1 月 10 日，完成装配调试……”

这是该项目的工作计划表，如此紧凑的生产节点，让每位项目组的成员感到前所未有的压力。在图纸绘制过程中，负责设计工作的三位设计员分工合作，为解决在 100 摄氏度、60 兆帕的高温高压环境下产品的密封性问题，他们查阅了国内外相关资料，在产品的材料、结构上下功夫，仅用了一周时间就完成了整套图纸的设计，为后续工作赢得了宝贵的时间。

该项目的部分零部件加工要求高，对外协厂家的能力要求也相应提高。产品上使用的电池骨架长 1.49 米，普通加工中心因为平台运动方向长度不够无法加工，另外一种石油专用碳素钢材料的专用螺纹，成都周边也只有两家厂家有加工能力。为解决这些问题，负责生产配套的人员多方寻找外协厂家，为考察其设备和加工能力，他们不辞辛苦一次又一次地前往厂家，确保加工的零部件质量良好，以提升产品整体质量水平。

2015 年元旦刚过，项目进入最后装调测试阶段。为能在 1 月 15 日前完

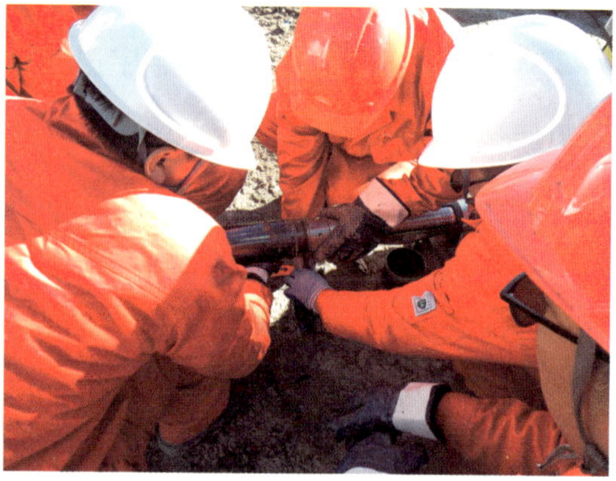

项目组在测试产品

成任务，装配师傅们加班加点赶进度，熬更守夜成了家常便饭，装管子、做打压试验、测试密封性能，他们充分发挥特别能吃苦、特别能战斗的精神，为产品的按时交付付出了心血和努力。

正是这样一支团队、这样一种运行模式，极大地缩短了设计周期，整个项目从设计到交付试验仅用了56天就研制完成。

井场：战胜恶劣环境，完成任务

2015年3月27日，接到井场通知，3月28日早上8点半产品下井试验。当天下午16点项目组出发，前往重庆涪陵井场。雨下得很大，狭窄的山路泥泞难行，天渐渐暗了下来，导航仪显示的路线让车子转了几圈，直到深夜2点才抵达井场。

3月28日8点半，项目组准时抵达测试现场，准备就绪后，11点，产品正式下井。按照技术要求，产品要下到井下3000米处测试井下温度和压力，并将数据上传至井口仪器设备。而测试井旁边60米处，有钻机正在进行钻进作业，钻机上有两台大功率的电机在工作，其产生的电磁干扰严重影响了

项目组正在进行产品下井前的准备工作

测试效果，产品下到1000米时，电磁干扰达到400多微伏，此时的传输信号非常微弱，下到1700米时完全无信号。

项目组紧急讨论，认为原因出在电磁干扰上，提出将钻机停下来，再进行测试。让正在工作的钻机停下来，这对于油田开采来说，是非常忌讳的，经过一再协商，井场方同意停其中一台电机。此时已是凌晨4点，雨一直下，大有下漏天的趋势，现场只找到一把伞，被用来遮挡测试仪器，参试人员每个人都从头到脚淋成了落汤鸡，但大家依然全神贯注，等待测试结果。

可测试结果依然不理想。这时项目组向钻井队提出将两台电机全部停下来，彻底消除电磁干扰。经过反复沟通协商，井场负责人终于被项目组执着的态度和优良的工作作风所打动，井场方同意停机半小时，但半小时后无论测试结果如何，都必须恢复钻机的运行。

当两台电机同时停机时已是凌晨6点，天已微亮，就在此时，喜讯传来，信号在中断了12小时后，终于恢复正常。而后深度达到2500米，信号正常，2800米，信号正常，3000米，信号正常，直至3700米，信号依然正常！这比国际水平3000米还超出700米！现场一片沸腾，大家激动地欢呼起来，此时此刻，只能用“振奋人心”四个字来表达。井场方负责人翘着大拇指兴奋地说：“你们航天人真是好样的！”

（七院7111厂　孙丽君）

一生紧盯“遥数据”

2017年10月18日，党的十九大隆重召开。鲜红的代表证熠熠生辉，映衬着精神焕发的各界代表，来自九院289厂的邓建华身处其间，难掩内心的激动和感慨。近30年的航天遥测技术研发工作经历，让邓建华见证了祖国航天事业取得的巨大成就，在劳动与创造中自己也成长为骨干中坚力量。

平淡工作中有我的追求所在

2003年10月16日凌晨6:23，这是一个原本平常但又在中国历史上让人铭记的日子。航天英雄杨利伟从平安着陆在内蒙古大草原的载人飞船神舟五号顺利出仓，为长达21小时23分钟的中国人首次“太空之旅”划上了圆满的句号。

一直守候在电视机前观看直播的邓建华也陪伴着“神舟五号”度过了无眠的21小时23分。每当实况转播中传来监测站报告“遥测数据正常”的声音，邓建华紧张的表情才会露出些许笑容。为航天员飞天的交通工具——运载火箭梳理着敏感的“神经”、装配上“眼睛”的航天遥测设备就出自他供职的航天科技集团九院289厂，并由他主导研制，能够为祖国的航天事业做一点事情，邓建华觉得是他毕生最大的荣耀。

研发者要下得了功夫、拿得出产品

提起邓建华，289厂几乎无人不知无人不晓。让他出名的除了这些年所取得的斐然成就外，还有他直率、倔强、较真的性格。外表憨厚、不苟言笑的他，与人谈起设计研发来，那股发自骨子里的“猛劲”展露无遗。也许就是凭着这股子劲头，他几十年如一日埋头苦干、执着追求，从一名中专文凭起点的设计人员，成长为高级工程师、学术带头人，乃至全国劳动模范、党的十九大代表。

1987 年，邓建华同志毕业被分配到 289 厂，从事航天型号设计工作，自此与航天事业结下 30 余年的不解之缘。当时，289 厂正值起步阶段，技术力量十分薄弱。初出茅庐，邓建华就接手了一项时间紧、技术难度大的任务。他凭着扎实的理论功底和认真执着的钻研精神，查阅各种技术书籍，反复计算各种数据，不到半年时间顺利完成任务，比交付节点提前了 10 天。

由邓建华所牵头开发研制的用于神舟系列的某型号遥测产品，采用了最新技术，提高了产品的功效和可靠性，为我国历次载人航天飞行圆满成功作出了贡献。他所从事研制的多项遥测数据采集存储系统，设备技术先进、质量稳定，在历次大型试验中都完整地记录了数据，在功能和技术指标上，处于国内领先水平。

30 多年来，邓建华及其团队先后完成了新一代高码率视频综合处理单元及测控基带等十几项遥测高新技术设备的研制。

感谢家人对我的理解、支持、包容

在事业与家庭的天平上，邓建华凭着一个共产党员对事业的执着追求，任劳任怨、忘我工作，毫不犹豫地将重心倾向事业一端。平常的加班加点是

邓建华与同事们一起探讨产品设计细节

邓建华为年轻设计师们作技术指导

家常便饭，晚上 8 点是邓建华正常的下班时间，遇到技术难点，下班时间则被无限延迟。

邓建华的女儿已经大学毕业了，可从女儿上小学至大学毕业，他从未参加过一次女儿的家长会。也只在结婚时为了给家里添置用品，才陪妻子逛了两次商店。平时，家里做饭、洗衣等家务活，全都被贤惠的妻子包办。可每当他拖着疲倦的身子回到家中时，妻子埋怨的话语总是说不出口。

近几年，289 厂引进了许多大学生。邓建华主动把自己多年苦心积累的经验毫无保留地教给他们，他的那股认真劲也更加感染、激励着身边的每一个人。由他培养的青年设计师，已逐渐成长为技术骨干、中坚力量，他带领的团队也创下了骄人的业绩。邓建华所在的视频技术室被中华全国总工会评为全国“工人先锋号”、1 人荣获“中国载人航天工程突出贡献奖”、1 人被九院评为“优秀共产党员”、3 名青年设计师被九院评为“杰出青年”，9 名青年设计师先后被 289 厂评为“劳动模范”。

年过五旬的他，问起今后有何打算，邓建华说：“我现在最大的心愿就是赶紧把厂里的年轻人培养起来，想让咱航天这种不怕苦不怕累的精神有个传承，把航天三大精神继承发扬下去。”

（九院　庞惠 赵娅利）

30年为国“铸剑”无怨无悔

柴波，中共党员，研究员，硕导，集团公司学术技术带头人，771所总工程师。先后获国家科学技术进步奖一等奖和多项国防科技进步奖；同时也是集团公司劳动模范以及航天功勋奖、中国航天基金奖获得者。

柴波总师30多年来初心不改，潜心军用计算机设计、可靠性、产品化与国产化技术研究，无怨无悔地做着一件事——为国“铸剑”。

技术创新争一流

1987年，柴波从西北工业大学飞行器导航制导专业毕业入所。1994年，他成为了当时771所最年轻的研究室副主任并主持工作。

某重点型号研制初期，在国内首次将数字处理器用于制导控制系统，型号嵌入式计算机的飞行应用程序如何开发和加载运行尚无可借鉴的经验，他积极探索，潜心研究，设计开发了国内首款型号嵌入式计算机透明监控程序，

柴波总师工作照

实现了型号嵌入式计算机的飞行程序在地面开发、依靠通信加载，运行结果地面显示，成为标准模式。同时，开创性地实现了飞行程序在单元测试仪状态下的模拟仿真运行，提高了测试覆盖性，确保了该型产品服役 20 多年零故障。

1994 年，围绕某型计算机系统试验飞行程序偶尔死机问题，他搭建模拟环境，进行上百次故障复现试验，查清了机理，采取措施后又进行了上百次验证，证明措施有效，彻底解决了问题，受到型号两总和原二炮机关的表扬，也成为“严细慎实”经验的典型事例，更是现行技术归零 5 条标准的早期实践。

2007 年，他曾带领团队以飞行应用程序为输入反向设计了某型号计算机并首飞成功，开创了型号嵌入式计算机的设计历史。为了在出所前暴露产品质量问题，他组织建立航天计算机环境适应性模拟试验平台，保障了金牌型谱箭机百发飞行零故障的成绩，保证了交付产品的高质量。

自主可控勇担当

2011 年，柴波担任所总工程师，他坚持“研验用”相结合，实现了战略型号国产化率 100%、战术型号国产化率超 95%。

在某撒手锏型号任务中，柴波采用全国产化方案，带领团队用 90 天时间，克服了国产器件指标参数差异大、使用手册准确度和完整性缺失等诸多困难，实现了我国首台 100% 全国产化设计的型号嵌入式计算机飞试成功的历史性跨越。他积极推进产品设计标准化、战略型号型谱化，实现了设计功能模块标准化、单板与整机产品系列化。

在产业转型新的使命推动下，他开始技术和管理创新的积极探索，坚持国产化、去型号化设计，创新运用 IPD 管理理念和成本设计控制方法，将质量管控、技术发展和成本效益有机结合，带领团队先后攻克了光纤惯测组合快速变温标定补偿、18000g@10ms 抗高过载加固、高旋微型卫导天线收星定位以及微型低成本一体化系统集成等多项核心技术，实现了靶弹、火箭

柴波总师签名赠书

弹、智能炮弹和民用航天等领域的低成本一体化系统集成，多领域处于国内领先、国际先进水平，此外，实现 3 年累计飞行 170 发次，收入超 1.8 亿元。

精神传承普新篇

2018 年 11 月，某重点型号首飞在即的关键时刻，同型号其他产品偶然出现了一次干扰异常。针对问题难复现、关注度高、归零时间短等状况，柴波 24 小时坚守现场岗位，系统分析、果断决策，用非常严谨的、科学的排故验证方法，在极短时间内完成了故障定位和归零程序，确保首飞按计划顺利进行，受到全系统的高度肯定。

30 年来，为了传承历史，柴波总师不断总结经验教训，编写《航天计算机设计指南》《复核复算细则》等所级规范并进行全员培训；组织团队设计多种标准功能板，固化逻辑设计、PCB 布线、软件测试和试验方法；撰写的《军用嵌入式计算机全生命周期可靠性设计保证技术》一书于 2018 年出版。近年来共培养硕士、博士研究生 16 人，所带徒弟已有多人走上行政和技术领导岗位，他们都已成为行业骨干力量。

（九院 771 所　赵昱　韩晶）

倾力护航“飞鸿” 佑护祖国疆土

2019年夏天，对中国航天科技集团有限公司九院航天时代飞鸿技术有限公司（简称航天飞鸿公司）的售后服务团队来说是值得铭记的一个季节。

他们在某重大项目演示中作出突出贡献，得到军兵种首长高度赞扬，部队一次性赠送了两块牌匾，分别赠予了航天飞鸿公司的上级单位九院和航天科技集团。售后团队又先后收到了我军多个战区赠送的锦旗，这在公司售后服务的历史上还是第一次。

近年来，公司研制生产的“飞鸿”系列无人机市场规模不断扩大，用户数量激增。作为无人机守护者，该公司售后服务团队用精湛的技术和负责的态度倾力护航，先后圆满完成了几百次部队演习及集训保障，得到了用户的一致好评。

售后团队顺利完成军检飞行任务

是航天人，却更像是军人

虽然进入了航天单位工作，但售后人员潘越自入职以后80%的工作时间都是在部队度过的。去部队出差次数多了，身边的人总会不由地把他和军人联系在一起。这样的情况还发生在团队其他人身上。

随着军改的不断深入以及我军对现代化、信息化装备的需求增加，售后保障任务量越来越大，尤其是2018年以来，任务成倍增长。航天飞鸿公司售后服务团队仅有员工10余人，但他们承担着我军各大战区、多个军兵种，近200个用户的售后任务，一年的任务量达上百次。

型号售后保障并不简单。面对部队一线官兵，售后人员往往要拿出更多的耐心和精力，一步步、手把手地教官兵使用无人机装备。“在一切面向打仗、一切为了打仗的训练背景下，每教会一名官兵，我军的胜率就会更大一些，因此大家肩负的责任并不比军人小。”该公司售后主管郝燕超说。

如今，部队演习的实战化程度越来越高，战场形势变幻莫测，急行军情况下的模拟教学几乎成为培训的家常便饭。此时，售后人员也要像军人一样随部队机动。翻山越岭、夜宿荒野、半夜行军百里……这些在影视剧作品中才能够看到的场景，他们在每次售后任务中都要经历。

“记得有一次任务，我们在戈壁滩上住了将近半个月的帐篷。每天吃饭也没准点，这个时候真心感觉咱们的军人不容易，保家卫国很伟大。”售后人员石乙聪说。

售后团队夜间工作场景

军人高强度培训演习后，航天飞鸿公司的售后服务人员往往仍需要连轴转，他们经常一个任务结束后，直接赶赴下一个驻训地点。然后，又要经历急行军，又要夜宿荒野……

战斗力极强的青年军

航天飞鸿公司售后服务团队的成员大都是20多岁的小伙子。虽然年轻，但他们的履历却十分抢眼，大都参与过著名的军事演习，有些甚至是国际性的军演，如“和平使命—2013”“砺剑2013”“9·3胜利日大阅兵”“跨越2015朱日和”“跨越2018朱日和”等。

这些年来，他们在参与重大任务的过程中不断成长，很多人已经可以独当一面。

“由于客户数量多，我们大多以小分队的形式开展售后工作。虽然大家比较年轻，但每个人一年都有十几次外出的历练，成长很迅速。现在一般3个人就能够完成一次售后任务。”航天飞鸿公司某部主任徐翔说。

出差时间长是售后工作的显著特点。在这个团队里，出差最多的人一年有300余天都在京外，而最少的人也在150天以上。虽然售后工作很辛苦，但这些年轻的小伙子却很少抱怨。

“有些时候确实感到很辛苦，但这种劳累总会被任务圆满完成时的喜悦冲刷掉。”石乙聪说。

在团队成员闫伟看来，他们的工作总是让人感觉到强烈的使命感，而最自豪的事情莫过于飞鸿无人机曾多次得到了习近平主席的检阅。“当看到我们研制生产的无人机在习主席面前飞过时，那种荣誉感让人热血沸腾。”闫伟说。

当前，部队训练强度不断加大，为满足部队需求，航天飞鸿公司将售后服务战线前移，在型号交付时积极开展培训。由售后人员组成的培训团队在西部战区开班授课。结合部队特点，他们特制订了“高标准”“高强度”“高节奏”的培训课程，将日间实操练习和夜间理论讲解交替开展。在高效率、严纪律的培训下，全体参训人员均以优异成绩通过考核。最终，培训团队获得部队首长的高度赞扬。

阅兵式的幕后故事

2019 年 10 月 1 日，在庆祝新中国成立 70 周年阅兵式中，飞鸿某新型无人机入列无人作战模块第一方队，光荣接受了祖国和人民的检阅。

1990 年出生的陈肖肖挑起了飞鸿无人机维保工作的重担，虽然年纪轻轻，但作为售后技术骨干，他已完成大飞机固定翼、四旋翼无人机等多个重要项目的保障工作。这次的阅兵任务对他来说更是巨大的考验，艰巨的责任感和光荣的使命感让他每天都打起十二分的精神。

保障的过程也并不是一帆风顺的，信息化程度高的无人机有时也会闹点“小脾气”。一天，一台无人机终端发出报警信号，陈肖肖马上对机体进行检测，却没有发现任何问题。“不影响受阅，算不上故障。”面对操控人员的建议，陈肖肖却较起了真，“肯定有问题，必须查出来，否则可能成为大患。”

陈肖肖立马联系售后团队，对无人机进行全方位检测。“时间紧、任务重，大家加把劲，一定要找出问题根源！”三伏天的艳阳高照下，这群年轻的小伙子们在无人机装备中爬上爬下，按照保障方案中的维护保养检查项目逐一检查记录着，已经被烈日炙烤得黑里透红的脸上，不断有汗水淌下，滴落在地面上，转眼间又蒸发进入了那逼人的暑气里。

次日，这样的一幕不禁让人湿了眼眶：售后团队的小伙子们竟靠在无人机的旁边打起了呼噜，有的头枕着工具包，有的手里拿着扳手。原来，整个售后团队为了完成任务，就这样加班加点整整排查、测试了一整夜，实在是太疲惫了。

经过努力排查，终于找到了“元凶”：原来，本次阅兵为实物展示，参加阅兵的无人机均为陆军正式装备，所以燃油室内均存有一定量的燃油。在近 40 摄氏度的环境下，装备每天在露天情况下进行高强度训练，有可能引发起火的安全隐患，所以报警装置才会不停地发出信号。

飞鸿某新型无人机亮相庆祝新中国成立 70 周年阅兵式

排查出这一情况后，陈肖肖和团队第一时间跟单位领导进行反馈，跟方队负责人沟通。最终在全员的共同努力下密切配合，制定出一套安全有效的卸油方案。在训练场选取了一块安全区域，做好防火、防静电措施，将飞机燃油抽取至专用的安全防爆油箱。最终将安全隐患排除，且没有影响到方队的日常训练任务。

就是这样，团队成员们克服重重困难，尽心尽力对待每一台受阅装备，一次又一次对保障装备进行全方位的检查和维护，不放过每一个故障疑点，对任何隐患都及时响应与跟进。虽然不能在阅兵现场出现，但他们还是觉得很幸福："无人机就是我们的眼睛，伴着雄壮的乐曲，我们能体会到别样的'受阅'！"

优质的售后服务为公司产品积累起良好的口碑，进而让飞鸿无人机吸引了更多潜在用户的关注。在售后服务人员的心中，他们一直有一个梦，那就是让飞鸿无人机飞遍祖国各地，佑护祖国疆土。

（国际交流中心　魏京华 / 九院无人机系统总体部　张健峰）

九天九夜

2015 年 4 月 7 日，清晨耀眼的阳光穿过玻璃窗，照射在乐凯胶片研究所光伏材料研究室副主任张艳的办公桌上，为清冷的办公室平添些许暖意。

一阵急促的电话铃声，无锡某大型光伏企业反映在使用乐凯 TPEw 背板过程中出现组件层压起皱现象，请求乐凯紧急技术救援。

时间紧迫，张艳果断决定带领刘凯、赵电元两名技术人员组成“乐凯团队”连夜赶往对方所在的无锡生产现场。

晚上 6 点，三人赶到无锡，顾不上吃饭和办理入住手续，便火速赶往现场。然而，面对的困难却让人始料未及——客户投料没有生产记录，无法精确划定 13000 块问题组件具体批次与批号，让排查工作难上加难：无法锁定问题背板批次就意味着要停产待查，客户将面临无法如期供货而造成的巨额赔偿。

面对客户焦急的目光，张艳话语铿锵：“我们会尽一切努力找出问题所在。”

她们一方面根据问题组件出现的时间、产品轴号范围、乐凯发货范围取样进行小层压件表观测试，一方面对样品进行红外线探测甄别；同时，通过小层压件以及粘合层红外图谱了解背板熟化程度，边实验边挑选合格背板，时间一分一秒逝去，第一组数据完成已是子夜，这时她们才赶回住处吃“晚餐”。

次日一早，张艳一行人又马不停蹄赶往生产现场，根据发货清单，比对生产批次。

工作中严谨认真、一丝不苟的张艳

在现场，她趴在问题硅晶电池板上，认真仔细地检查，周身沾满粘结硅胶，全然不去顾及这些硅胶是否容易清洗；实验中，她全神贯注地操作，一举一动谨慎入微，甚至都顾不上擦拭额头上渗出的细细汗滴……

功夫不负有心人，最终，她们将排查区间缩小至1500块范围内。

一切都在向好的方向发展，然而，成功却往往经历磨难。第三天中午，生产线再次惊现15块褶皱组件，气氛霎时变得空前紧张，客户也不敢再继续生产下去了。

张艳冷静分析，判定此次意外是因对方未按照原材料先进先出管理原则导致，她说服客户按照既定方案抽调专门人员进行试验选材，最终既没有造成停产损失，也没有出现不合格组件。

接下来的两天都未再出现问题组件，即便如此，对方还是提出如果因界定范围不准而造成延迟交货乐凯必须回购止损的要求。乐凯再次被推到风口浪尖。1500块组件出自几条生产线？几个时间段出现？她们又一次彻夜未眠，针对一连串问题制定解决方案。

恰在此时，从乐凯本部发来了一份电子邮件，在来无锡的高铁上，张艳已电话安排研发项目组在保定本部进行各类验证实验，结果印证了她最初的判断。

次日一早，张艳与厂家再次交涉，对方派员工配合现场拆组件验证。当一块块拆开的组件摆在人们面前，场面让人触目心惊，问题背板胶层全部交联不足！最终，她们成功锁定400块风险组件，确保了客户按照合同顺利出货。

接下来时间，双方人员又在办公室交流8D报告、进一步研究出货组件的风险性和可靠性。

张艳白天在生产现场临阵指挥，带领团队进行实验验证；夜晚，她认真撰写分析报告，详述问题处理过程，分析产生原因，第一时间反馈信息供公司领导以及各部门开会研究。

不知不觉间，“乐凯团队”奋战了九天九夜，终于在完成全部产品的排查与检测后给出结论：产生层压起皱褶等问题是由于产品熟化程度不足所致，经系统分析，宽片的存放环境温度差异和烘干时间不足导致背板出现固化交联程度的差异。

这几天张艳瘦了十几斤，而她却一直保持头脑冷静，带领团队准确分析和判断问题，为客户和乐凯避免了2600万元的巨额经济损失，获得了客户由衷赞叹。

在如同张艳这样的航天工作者身上，我们看到“自力更生、艰苦奋斗、大力协同、无私奉献、严谨务实、勇于攀登”的航天传统精神，他们科学求实、

张艳团队共同研讨、攻克质量难关

严肃认真的工作作风,已经渗入每一位航天人心中,凭借着航天人执着拼搏、忠诚奉献的信念，航天事业一定会砥砺前行、不断进取，绽放出更绚烂的光彩。

（乐凯　武霞）

执着坚守、甘于奉献，中国陆地观测卫星运行保障的护卫者

这是一群默默奉献、无怨无悔的幕后英雄，这是一个奋战在我国陆地观测卫星应用事业最前线的年轻团队——中国四维测绘技术有限公司遥感运行事业部。

该团队承担我国民用陆地观测卫星的运控、用户服务及系统运维，现有员工42人，平均年龄29岁，其中35岁以下青年36人，占86%；专业涵盖计算机科学、飞行器设计、地理信息系统、摄影测量及精密仪器检测等领域。

把生产线当阵地，日夜坚守

“1月6日晚8时获悉东海撞船事件后，第一时间规划卫星次日对事故海域成像，当晚通过北极测控站更新成像指令，实现卫星次日安全成像。同时联系卫星研制、测控部门及地面接收站，进行技术协调，消减冲突。”短时内完成这一连串动作，犹如跌宕起伏的动作大片，这对入职不到半年的庄

遥感运行事业部团队

工作人员在紧张有序地进行数据处理

超然来说可谓是重大挑战。"高分三号"穿云破雾监测海面溢油情况，看着卫星图像上呈现出的溢油扩散轨迹，加班到凌晨的倦意一扫而光。

对于团队来说，加班加点是家常便饭，节假日更是一种奢侈品。

2019年大年初一，团队负责人曾湧接到上级电话，要求对某海域进行持续监测。接到任务后，曾湧第一时间赶回单位组织开展相关工作，团队人员与卫星为伴，与设备为伍度过了一个特殊的春节。

近3年，团队共为160余起灾害或重大事件成像2800余次，共享卫星数据1.4万余景。枯燥的数字背后是艰辛的付出，一年中绝大部分时间处于应急状态，事业心、责任心、执着坚守支撑着监测全过程。一年365天的日夜奋战，正是航天"三大精神"的真实写照。

视用户为上帝，倾心付出

面向用户需求，采用多种服务模式：光纤专线、电子政务网、互联网等，分发数据3800万景，解决各类问题，用户满意度达97%以上。仅2018年就提供数据近700万景，受理应急服务近50批次。

海量数据背后是甘于奉献和持守的热情。"从纯粹的技术岗位调到服务岗位，工作性质变了，但对航天事业的热爱之心依旧滚烫。"同事们如此评价研究员陈卫荣。她曾经是单位最年轻的主任设计师，每天下班后都及时总结，规划明天的任务，转眼已近10年。"4000余家单位，16000余名用户"，是她始终的牵挂；"用尽千言万语，走遍千山万水，只为陆地卫星数据走进千家万户”，是她长期的目标。

以单位为家，青春无悔

截至目前，有 9 套地面处理系统（25 颗卫星）交付应用运行。2017 年毕业于南开大学的硕士张永佳，本可继续读博，因为热爱航天，毅然加入系统运维队伍。不到两年，他已积累了丰富的运维经验，成为运行保障的护卫者，对系统充满深刻理解。

晚间巡检，听着上千台机器低沉的嗡鸣，看着运转闪烁的绿光，摸着密麻麻的网线，他感到了沉甸甸的压力。“系统有无问题，运转是否正常，怎样把问题消解于萌芽状态，关键在于未雨绸缪，一旦出现问题，根据预案高效处置，保证提供不间断服务。”“系统安全、稳定运行凝聚了团队多少心血呀！”谈起工作，张永佳一扫入职时的稚气，脸上满满地写着成熟、坚定和热爱。

近年来，该团队 2013 年澳大利亚火情监测，被中国遥感应用协会评为“2012—2013 年度中国遥感领域十大事件”之一；2014 年被集团授予“青年文明号”，评为“青年安全生产示范岗”；2018 年被集团授予“六好”班组，入围第二届“感动航天”十大人物（团队）评选；多次荣获集团青年“五小”成果奖；1 人为集团公司学术带头人，1 人荣获航天贡献奖。2015 年至今，共收到用户感谢信 30 余封，对运行服务高度肯定。中央电视台、《人民日报》、各大主流网站频繁报道，社会反响热烈。

岁月如歌，青春无悔。在新的征程中，团队将不忘初心，牢记使命，继续为早日实现航天梦、强军梦、中国梦不懈奋斗！

（中国四维　曾湧）

“老大哥”与“工作狂”

夜很深了。夜色笼罩下的神软公司开发楼仍然灯火通明。为了尽早攻关这个大项目，项目负责人蒋旭带着他的团队仍在通宵工作。说到蒋旭，身边的同事顿时来了精神，“蒋总真是特别辛苦，来得最早，走得最晚，为了节约通勤时间，经常就直接在公司或甲方办公场所休息”。

2006 年，蒋旭怀着做大做强国产数据库的梦想走进了神软公司下属的神通数据库事业部做开发工作。几年间，随着一起入职同事的不断离开，原本的团队骨干已经所剩无几。而此时蒋旭面临的行业现状是：国外强大竞争对手的核心技术封锁，行业研发积累薄弱，国产数据库的开发和应用举步维艰。

IT 是典型的高薪行业，机会诱惑很多。面对行业多家知名企业伸出的

初入神软公司的蒋旭

橄榄枝，蒋旭婉言谢绝了。因为他深知自己的梦想和初心是要做大做强国产数据库，让中国的用户不再受制于外。

怀揣着初心梦想，蒋旭一头扎进了国产数据库的研发中。几年来，凭借着扎实的技术功底，他多次参与到重大国家级项目的开发工作，深度参与了神通公司大型通用数据库管理系统研制项目，带领团队研制的神通数据库产品目前处于国内领先地位。经过无数次的技术攻关，设计方案不断地推倒重来，历经数月的攻坚克难，该项目成果最终荣获中国电子学会科技进步奖二等奖。

无数个通宵达旦，磨炼和铸就了蒋旭坚毅的性格，使他成长为数据技术的骨干和尖子人才。面对荣誉，作为项目带头人的蒋旭只说了一句“这些都是大家的功劳”后便默默地回到了办公室，马不停蹄地开始考虑接下来的工作计划。

2018 年，凭借着神通数据库的产品和服务优势，神软公司在某重大项目的竞标中脱颖而出，顺利拿下了该项目，为公司建立新的业务领域打下良好基础，其相关成果得到集团公司的充分认可，蒋旭作为项目带头人获得了“航天贡献奖”称号。

蒋旭说，公司能把这么重要的项目交给他，是对他的信任和考验，他深感责任重大，使命光荣。而对于神软公司来说，项目的意义更在于锤炼一支能打硬仗的队伍，积累行业经验，创建示范工程。肩负着责任和使命，面对用户高要求，对外既要协调用户也要解决外协、项目资源配置等诸多问题，对内要调动参与项目的各事业部和分子公司集中来解决各类技术难题。联动两者成为合力是一项复杂的工程，加班加点成了家常便饭，苦和累是常态，可蒋旭把这些看成是挑战、是锻炼，身在其中，也乐在其中，身边的同事们都纷纷笑称他“工作狂”。

对于专攻技术出身的蒋旭，既是团队的带头人又是 90 后年轻人的“老大哥”。同事说，有他在大家心里就很踏实。去年冬天，临近项目阶段性验收，整个项目团队处于高度紧张状态。长期高强度的研发、外出驻场测试，

团队“老大哥”蒋旭

大家都倍感疲惫。团队的很多同事都患上了流感，蒋旭在连续两个月无休后也病倒了。“他高烧不退快一周了，但是因为怕吃药容易犯困，影响每天的正常进度所以一直硬撑着，那段时间仍旧同大家一起奋斗到深夜。”项目同事说。即使身体倍感不适，蒋旭仍旧不断地鼓励大家，努力为大家营造轻松的工作氛围。他带病参加技术研讨，手把手的带刚入职的新员工，不断提醒大家注意身体，可自己却在技术讲解时几乎晕倒，在同事的强烈要求下才勉强回到办公室休息，状态稍好就又立即投入工作。“他不像一个领导，更像是一位老大哥。”同事们说。蒋旭这种精神感动着团队的每一个人，这种对工作的认真负责，对同事的无微不至，充分体现了“老大哥”的担当。他说，作为团队的带头人，他不能有丝毫松懈，必须要树立起榜样的作用，要为整个团队加油打气。

谈到近两年的工作，蒋旭不由感喟，他庆幸赶上了国产软件发展的黄金时期。现今国家对自主创新、国产数据库越来越重视，神软公司在国产数据库领域坚持自主开发和应用并举，多年的积累和持续的坚持努力现已见成效。有国家的政策扶持和集团公司的大力支持以及神软公司全体同仁的共同努力，他对未来充满了信心。蒋旭表示，他将和他的团队一起，发扬老一辈航天人，艰苦奋斗，自强不息的航天精神，攻坚克难，保质保量完成任务，以严谨的工作态度，过硬的产品赢得用户的信任和支持。做最好的国产数据库，让用户因我们的产品和服务而自豪，这是他作为一个航天人为之奋斗的精神动力。

（北京神舟航天软件技术有限公司　王子墨）

攻坚克难，砥砺前行

深圳市航天新源科技有限公司（简称新源公司）成立于2012年6月，隶属于深圳航天科技创新研究院，承担航天器电源设备及相关系统研制，专业从事空间电源控制器、新能源电源变换器、电源评测及管理产品的研制、生产与销售，在电力电子领域居国内领先地位。

坚定信心决心，走自主创新之路

20世纪90年代末，随着我国卫星研制能力不断提高和载荷种类持续丰富，卫星功率需求不断增加。而作为整星关键单机的电源控制器（PCU）研制能力却严重落后于国际水平，未实现真正自主可控，PCU国产化迫在眉睫。

在经历了近10年引进欧洲PCU产品的窘境，饱尝欧洲供货商交付延期、采购成本高昂之苦后，2009年我国痛下决心解决PCU国产化难题。深圳航天科技创新研究院、集团公司五院513所及航天东方红卫星有限公司联合展开国产化PCU攻关，新源公司就此诞生。

第一个空间电源专业领域研发项目“高效自主PCU技术”正式立项后，新源公司开启了自主创新之路。此时，技术薄弱的问题成为快速发展的“拦路虎”。面对设计问题、工艺问题、质量难题，新源团队不分昼夜归零讨论，成员通宵熬夜成了常事。有的同事熬了一个通宵后，来不及回家休息，在桌上趴了一会儿又匆匆赶去测试。功夫不负有心人，新源团队逐步掌握了大功率电源控制器核心设计及制造技术，打破国外垄断，成功研制出我国首台卫星用100伏母线高压大功率电源控制器。

勇于攻关打破难题，沉淀技术厚积薄发

2015 年 7 月，北斗导航新一代 MEO 试验卫星成功发射。至今，考核寿命 3 年的它已在轨稳定运行 4 年多，圆满完成了各项科研任务。PCU 作为卫星电源系统的“心脏”，为卫星稳定运行提供重要保障，回顾历史，其研发也经历了一段艰苦历程。

2013 年 2 月底，接到解放军总装备部紧急通知，要求导航系统重大专项关键技术攻关课题 “高效自主 PCU 关键技术”在 3 月底完成课题验收。当时 MEO 电性件 PCU 在 AIT 进行试验星整星联试，而在北斗导航几家 PCU 研制单位研制的产品中，新源公司研制的 PCU 是唯一在整星各阶段测试始终供电的，深受用户信赖。鉴定件 PCU 正处在单板调试阶段，若此时将电性件产品取回进行课题验收，会严重影响整星进度；而若用鉴定件产品进行总装验收测试，会有课题无法按时验收的风险。

面对困难，是采取保守方法选择牺牲整星进度，还是选择承受风险迎难而上？新源团队选择了后者，通过专题调度会统一谋划，将电装、调试、装配、测试、清洗、三防、检验等工序细化到小时，项目经理和各模块设计师保持 24 小时连轴转。终于，项目顺利通过验收测试，并在几家电源控制器研制单位中获得了产品综合指标第一的好成绩。

新源团队在进行产品测试

聚焦发展持续发力，扬帆起航绘就新篇

新源人自主创新的脚步从未停歇，随着五院承担的东五超大功率卫星平台在国家正式立项，新一代超大功率100伏母线25千瓦功率的PCU研发率先展开。

新源团队秉承并弘扬航天精神，通过技术交流、专题讲座、思想碰撞，加班加点、夜以继日“啃硬骨头”，先后攻克了“小型化、轻量化、高效率、高可靠”等关键技术，成果已在东五平台的首发星正式配套。

为将先进的电源控制技术推广应用到更多卫星平台，新源团队瞄准卫星先进载荷技术对电源系统的新需求，同卫星总体部密切配合，提出应用于大功率SAR卫星的复合母线电源控制架构技术。在已有成熟型号产品技术基础上，突破了“高可靠隔离大功率母线拓扑变换技术”“高效率软开关谐振技术”“高精度磁隔离遥测遥控技术”等多项业界技术难题，研制出国内首台大功率隔离型复合母线PCU。载荷联试时电源性能优异，得到总体专家一致认可，目前已在多个卫星配套使用。

新源团队经过艰难探索，逐渐研制出我国通信、导航、遥感等多个卫星领域的PCU产品，并率先研制出世界最大功率、代表当今世界先进水平的PCU产品。在当今世界宇航领域，产品升级换代速度加快，新源团队唯有快马加鞭，才能在电源控制技术领域处于不败之地。

新源人身上体现出的“热爱祖国、无私奉献、自力更生、艰苦奋斗、大力协同，勇于登攀”的航天精神，熠熠闪耀出新时代的光芒。正是有了无数这样的中国航天人，我国航天事业才能从无到有、从小到大、从弱到强，才能为浩渺太空镀上鲜艳的中国底色，去绘就更加美好的航天画卷！

（深圳航天科技创新研究院　深圳市航天新源科技有限公司　徐晓璐 侯学龙）

创新协同篇

决胜毫厘之间 挑战人生极限

计量，是关于测量的科学。其中，几何量计量是对长度（米、厘米、毫米、微米等）、角度（度、分、秒）等重要几何物理量的精确测量。作为航天计量的最高标准单位，102所几何计量室的日常工作，就是准确测量航天产品、型号部件中，大到几十米长的火箭外壳参数，小到头发丝十分之一细甚至更细微的结构变形数据，可谓失之毫厘、谬以千里，看似平淡，却充满挑战。

2017年4月，几何计量室室主任兼党支部书记刘柯，接到了常规液体火箭发动机喷注器环小孔测量任务。这个貌似不起眼的部件，真是“环环相扣”，千“窗”百孔。大环套小环一共15个环，环面上密密麻麻布满了一对对倾斜圆柱孔，竟然有1000余对，近3000个，小孔直径最大的有几个毫米，最小的只有零点几个毫米，最小的孔甚至不能插入一根自动铅笔芯。就是这样的小孔，每一对都需要精密测量形状、位置公差参数，近3000个孔就是四万多个数据，允许的测量误差不能超过5微米，大约是一根头发直径的十六分之一。之所以测量这么多数据，要求的精度这么高，是为了确保火箭发动机工作时，从每一对小孔喷出的燃烧剂和助燃剂实现高度精确交汇。否则就不能充分雾化，燃烧就不充分，甚至会引起发动机振动，而一旦多个位置同时发生振动，对火箭发动机将产生致命影响。

就是这样一套工件，其他测量同行，甚至国外三坐标测试专家都认为，使用量具15天手工测完近3000个孔的方法已是最优，根本不可能再优化。15天！对于平均每月发射两次的中国航天，这就意味着要减少一次发射，刘柯不能答应！

形势逼人！挑战逼人！使命逼人！

刘柯带领成员平均年龄不到30岁的攻关团队，经过一个多月的测试，打印数据的纸已经堆积成山，但之前确定的两种测量方案都行不通。任务走不下去了，团队也没有了开始时的心气。

夜深了，已经连续熬夜的刘柯，回家却怎么也睡不着，脑海里想起当年和大家一起咬紧牙关，攻克某型号风洞烧蚀测试任务难关的情景。

没有过不去的坎！“国家运载火箭产业计量测试中心”“国防科技工业长热力一级计量站”，不就是冲着这些牌子，人家才来找我们吗？容易干的事，还用得着我们吗？

挑战不可能，既是为了成功，也是为了尊严！

下定决心之后，刘柯迅速调整方向，提出了“基于设计模型的全自动激光扫描测量”新方案。方案刚一提出，客户率先提出了反对。原来这种方案他们曾经试过，而且也有国外知名仪器厂商进行过大量试验，国外专家的结论是：行不通！刚刚燃起希望的火苗，瞬间被一盆冷水浇灭！

何去何从？是放弃，还是挑战？

刘柯不信邪，他对大家说：“还没撞到南墙上呢，我们已经没路可退，也无头可回；国外测的不行，我们未必不行，我们就是要做到‘人无我有，人有我优’。即使行不通，也要找出原因。死要死得明白！”

新一轮的试验又开始了。新方案的前期试验效果，正像外国专家说的那样，精度和效率都不够高。面对瓶颈，刘柯提出改进的数学模型，通过激光波长标定，视觉相机参数精密校正。

天若有情天亦老，人间正道是沧桑！

一连3个月，实验室里，刘柯和团队的年轻人一起，画图纸、编程序，弯着腰埋头调试。一个完整的测试和数据分析流程走下来，天光已然放亮……而这，就是刘柯的常态！

有心人，天不负。90天攻关，刘柯带领团队，用有力的证据证明了外国文献中“光学显影剂性质互斥，厚度可忽略，不影响测量”的结论有误。

通过优化喷涂工艺，对误差进行锁定；通过分离误差，大幅提高了光学扫描测量精度。与此同时，刘柯带领团队自主研发的智能化高精度激光扫描测量仪获得成功，彻底解决了“不可测、测不准、测量效率低”等问题。

以往15天的传统手工测量，奇迹般在3个小时内完成，测量精度经过比对验证，完全满足要求。机器人自动完成操作流程，所有数据解算后自动生成分析报告，四万多个参数合格与否，一目了然。

不可能完成的任务完成了！外国专家之前否定的结论彻底崩塌，客户的质疑变成了掌声！而刘柯没有沾沾自喜，依然在挑战不可能的征程中奋力前行！

与小孔的“小”相比，刘柯还擅长在“大”上做文章。法国空中客车天津公司在A320机型吊装中发生了机翼碰撞，由于无法判断机翼变形是否超标，按惯例飞机要运回法国图卢兹总部进行检测，经费开支至少数百万元，海运往返至少3个月，对产品交付产生致命影响。抱着试试看的心态，空客主动与刘柯取得联系，寻求帮助。空客提出，出于空气动力学角度的考虑，近20米长的机翼，测量误差必须小于1毫米。刘柯和他的团队经过15天现场测试和模型逆向比对，在毫无成熟经验借鉴的情况下，凭借自主研发的“激光精密测量技术”，将测量误差控制在1毫米以内，并最终做出了“机翼参

刘柯（右三）和他的航天测量团队

数正常，不影响正常使用”的结论，为空客节约了一笔可观的成本。正是技术上的不断创新，刘柯为航天计量赢得了市场的认可，使102所成为了“空中客车公司中国唯一指定校准实验室”。凭借不断积累的技术优势，他在航天科技集团首次成功论证，并研发了具有独立自主知识产权的国家重大科学仪器——激光雷达扫描仪。这个长得酷似机器人的“帅哥”，能够实现50米范围内，大型结构外形尺寸的非接触测量，精度均在0.05毫米以内，打破了国外的技术垄断和针对军工领域的禁运。激光雷达扫描仪已经成功解决了长征五号火箭芯级助推级对称度测量、大型网状天线面型测量等难题。在毫厘间不断挑战极限的刘柯已经锁定了新的目标，正带领他的团队向国家重大工程——国产大飞机C919的外形精密测量工程发起挑战！

习近平总书记说：“创新从来都是九死一生。但我们必须有‘亦余心之所善兮，虽九死其犹未悔’的豪情。”航天梦很大也很小，既是对浩瀚宇宙的不懈探索，也是对毫厘极限的奋起挑战！

这就是新一代的航天计量人，时刻用初心为梦坚守的航天计量人！决胜毫厘之间，挑战人生极限！

（一院　阎琳琳）

倾尽一生与火箭为伴

从事火箭总体装配工作37年，崔蕴把打造世界顶级火箭作为终生事业，倾尽一生助力我国航天事业的发展。30多年来，崔蕴为火箭事业“死”过，重生过，他在用生命造火箭。

1990年7月12日，这是崔蕴重生的日子。时隔近30年，崔蕴谈到这个日子，心头还是不由地一颤。这一天，在我国首枚长征二号捆绑运载火箭的氧化剂泄漏抢险中，第一批冲进抢险现场的他因吸入了大量有毒气体四氧化二氮，生命垂危。在医院的抢救病床上，医生给他用了10倍于常人的解毒剂量，才保住了他的命。

之后的几天，他在病床上听到了一名亲密队友壮烈牺牲的惨痛消息，也见证了这枚火箭的首飞成功。悲痛在心底燃烧，喜悦和骄傲在心头跳动，这冰火交融的滋味，他一辈子都忘不了。

也正是在这短短的几天，崔蕴深刻地认识到，航天火箭只能成功，不能失败，更没有中间地带可以走。从此，他便开启了疯狂的学习模式。人家周末带着家人出去游玩，他在西单图书大厦一坐就是一天，一边看，一边记，一边琢磨。对于不明白的问题，他一定要打破砂锅问到底，做到“知其然，还知其所以然”。在他看来，一名合格的火箭装配工，除了应娴熟掌握铣工、车工、焊工、电工等手上技术，脑子里还必须装着材料力学、理论力学等不同学科的理论。有时，为了一个问题，他甚至跑到设计人员那里，一泡就是一天，就是要彻底解开心底里的那些“疙瘩”。

一段时间，崔蕴因痴迷火箭远近有名。在同事眼里，没有他解决不了的

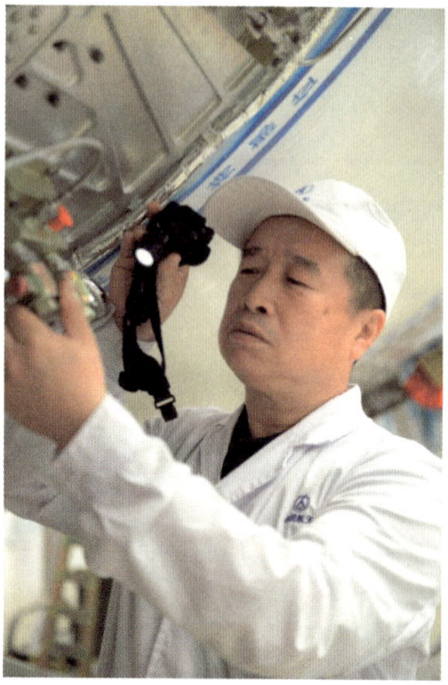

工作中一丝不苟的崔蕴

问题。火箭总体装配、总体测试从操作、技术，再到队伍管理他样样精通。了解崔蕴的人都知道，他赢在坚持，几十年如一日地钻研。拿崔蕴的话说，“就是魂牵梦绕，醒着、睡着脑子里都得是火箭”。相关火箭总装和测试理论知识和实践经验早已牢牢地烙印在崔蕴的脑子里。

一次，在某火箭发射前，凭借多年积累的理论知识和抢险经验，崔蕴还及时救下了命悬一线的队友。当时，身兼工艺员的总装一组组长崔蕴正在指挥操作人员抢修故障。一名队友在进舱时，身体轻晃了一下。这一晃被细心的崔蕴看在眼里。崔蕴心里一个寒噤，“不好！”

来不及解释，崔蕴一把掀起队友的空气面罩紧急切断气源，接着抱住队友滚倒在地上，然后马上爬起来狠掐队友的人中，接连扇了他四五个耳光，直到他口鼻冒出大量白沫清醒过来。由于事情发生得太快，现场工作人员还以为两人在打架，有的甚至过来为他们拉架。

事后人们了解到，崔蕴正是从那一晃，看出了氮气中毒的症状。原来因工作人员一时疏忽，队友空气面罩的气源竟错接成了无色无臭的氮气。在掀下面罩后，队友已几近昏迷，一条腿掉进火箭与发射塔架的弧形间隙，随时有可能从 40 米的高空摔落。幸好崔蕴第一反应完成了那一系列的连抱带滚的操作，避免了事故的发生。

我国新一代运载火箭长征五号、长征七号要在天津进行总装，211 厂领导第一时间想到了崔蕴，认为新一代运载火箭总体装配带头人，“非老崔莫属”！2013 年，崔蕴不顾家人对他身体的担忧，前往 211 厂天津厂区，担任天津航天长征火箭制造有限公司（以下简称天津火箭公司）总装测试车间副主任，挑起了新一代运载火箭总装的大梁。

产品新、厂房新、队伍新，崔蕴一方面立足几十年的总装总测工作经验，建立起一套严格的新工作标准，另一方面也肩负起了带队伍、带技术的责任。

火箭总体装配和测试工作是一个庞大的系统工程，只有把手上的工作做到极致，才能最终构造出成功的火箭。30 多年间先后亲手组装过 70 多枚火箭的崔蕴深知这个道理。

在崔蕴看来，新一代运载火箭的总装总测工作要有更高的标准。在老一辈航天人研制经验的基础上，通过提前预想、精细组织和落实，让更高的工作标准潜移默化地融入工作的各个环节。

长征五号运载火箭箭体上有 5 万多个零部件，螺钉更是数目巨大、品种繁多，装配要求不一。

任何一个微小的安装失误都可能导致火箭最后的发射失败。通过每次装配前校验力矩扳手的做法，团队最大限度保障了设计要求的拧紧力矩，同时

参加庆祝改革开放 40 周年大型展览的长征火箭大家族

也有力排除了力矩扳手失准造成的风险。像这样的管理方法还有很多，通过每次定点定位的方法，他的团队还有效避免了在贮箱气密试验时不同点位过滤器混合使用带来的污染扩散危害。看似简单的管理逻辑，打破了传统火箭总装行业几十年的惯例。

崔蕴的高标准还体现在对员工的要求上。崔蕴的徒弟张琳卿说：“我工作 5 年了，记的工作日志有七八十本！一发箭差不多 10 本，师傅经常检查笔记，如果他觉得你是对付的，那挨骂是必不可少的。”安静的厂房里常常能听见崔蕴的碎碎念和呵斥声。

“火箭总体装配这个行业犯不得错，一旦有失误的话，不仅给国家带来财产损失，还要付出生命的代价。”崔蕴说。

崔蕴对徒弟严格，对自己更狠。长征五号、长征七号任务经常交替甚至叠加。高强度的工作节奏，使得车间很多年轻员工都扛不住了。可崔蕴总是坚持做到每天最早来到单位，最晚一个离开。

一次，为同时保障两个型号火箭研制进程，崔蕴从海南飞抵天津后，又匆匆乘车来到北京的动力系统试车现场。连续高强度工作 1 个多月，抵不住过度劳累，崔蕴满脸涨红瘫坐在工作间的座椅上。极度虚弱的他在坚持交待完工作后，才肯回家休息。“可没过两天，他就又匆匆地来上班了。”崔蕴的徒弟王璐心疼地说。

还有一次，团队要对长征五号火箭管路总体做气密试验检查。受高质量的气源限制，车间必须用氮气来检验。试验需要经过皂泡涂抹、酒精清理、充气检查等多个阶段，历时时间长，涉及管路多，氮气大量吸入还会引起缺氧窒息，崔蕴放心不下。最终，他和团队一起在岗位上连续坚守了近 36 个小时，直到气密试验合格的最后一刻才休息。

栉风沐雨，不懈奋斗，崔蕴和团队不断攻坚克难，终于创下了一个个佳绩。团队在成立不足 6 年的时间里，先后成功完成了长征七号、长征五号运载火箭首飞相关任务。2017 年，长征七号遥二火箭的发射成功更有力保障了我国空间实验室阶段规划四次飞行任务中的型号任务收官之战，为我国载人航天工程第二步第二阶段的空间实验室任务圆满完成作出突出贡献。

2019 年五一劳动节来临之际，崔蕴因在我国航天火箭研制领域的突出贡献荣获全国五一劳动奖章。

年近花甲，崔蕴还要在天津新一代运载火箭产业化基地扎根干下去，和这里的年轻人一起把中国未来的火箭梦变成现实。“将来的中国航天得靠他们。中国未来航天发展的方向是具有更大推力的运载火箭。只有现在把大型火箭的装配方法和理论掌握了，将来他们才能挑起大梁。”崔蕴说。

（一院 211 厂　徐婷婷 吴思）

战天战地战自己 只为找到你

某重要型号首次飞行试验获得圆满成功，14 所自主研制的伴飞测量飞行器作为它的唯一“乘客”，却在“到站”后不知所踪。它是该所科研人员多年的研究成果，如果找不回来，多少人的心血将付之东流。于是，14 所先后派出三波人奔赴落区执行搜索任务，就算掘地三尺，也要找到它。

历时 9 天，所有搜寻人员翻遍群山，穿越戈壁，战天、战地、战自己，完成了伴飞测量飞行器的回收工作。

战天：山阳日出山阴雨

在飞行器的理论落点附近，山一座连着一座，戈壁绵延千里。周运强是第三波加入搜寻队伍的，只在落区待了 3 天，却经历了晴天、阴天、大风、大雨等多种天气。

他到达的第一天，黑云笼罩着大地，天阴得厉害，虽然看不见太阳，紫外线却很强。当天“收工”后，同行的人惊讶地问：“你脸上怎么了？

落区的自然环境

白一块黑一块的。”他用手一摸，坏了！才区区几个小时，脸竟然被晒脱了一层皮！

第二天，狂风大作，地面被卷起一层沙。他一个壮小伙儿，平地上走路都趔趄，胳膊被沙子和石子打得通红。遇到龙卷风时，沙子更是无孔不入，以无可抵挡之势钻进眼里、鼻里、嘴巴里、耳朵里……呼吸也因此变得更加困难。

第三天，烈阳高照，碧空如洗。这难得的好天气给搜索提供了便利。可谁承想，山的阳面还是晴天，转到它的阴面却遇到了瓢泼大雨，冻得人瑟瑟发抖，却又无处躲藏。

战地：穿了两年的运动鞋在一天被磨坏了

落区附近的山，植被稀少，裸露的山体呈现出红色、绿色、黑色石块。远远望去，这些石块坚硬、结实。走近一看，它们一层一层的，像刀片一样，因久经风化，都很松散。脚踩上去，立即就碎了，用手撑地，很容易被划出伤口。

不到30岁的贾平会是本次搜寻任务的联系人，大家都称他“贾队长”。贾队长的右掌被划了一道2厘米的刀口，及至一个星期后，深深的伤口依然没有愈合。

越野车开进落区，起起伏伏，一路颠簸。人在车上，肠胃也跟着晃动，眩晕感、胸闷感随之而来。下了车，走在铺满碎石的戈壁滩上，脚底下疙疙瘩瘩。“我的运动鞋穿了两年都没坏，在那里走一天就坏了。”搜寻队员说。爬上山，在山坡上一圈圈盘旋，不断掉落的石头、无序生长的骆驼刺，都会时不时“偷袭”一下大家。

遇到大风或大雨，上山不易下山更难。贾队长说：“山势陡峭，大风强劲，我们常常半蹲着，靠地面的支撑和与地面的摩擦，一点点往前挪。要是风太大，站不稳、走不动，我们就伸开四肢，平躺在地上。”这时候，天地之间，孤身几人。他们的头顶是高远的天空，耳边是呼呼的风声，心中是艰巨的任务和成功的信念。大家朝思暮想的伴飞测量飞行器，你到底在哪里？

战自己：布下“天罗地网”，丈量每寸土地

参加这次任务的人，虽有过搜寻飞行试验残骸的经历，但都是头一次来找这么一个个头较小的搭载产品。它的长度不足0.6米，直径0.1米左右，而且“皮肤”呈黄绿色，掉落在当地丛生的骆驼刺里，一眼望去实难分辨。

起初，大家以乘坐的越野车为中心，展开了“放射式搜寻”，即各自四散而去，到了约定的碰头时间，再返回越野车，汇报每个人的搜索情况。

晚上，搜索人员从落区回到住处，简单吃完晚饭，还要集体总结当日收获，并电话与北京“大本营”的领导、同事交流，最终定出次日计划。

可两天过去了，这样的做法却收效甚微。因为离中心点越远，人与人的距离就越大，无法保证搜索范围100%全覆盖。

集思广益后，大家决定尝试“地毯式搜索”。他们根据计算，将目标锁定在12千米长、六七千米宽的区域内，并从试验厂区搬来“救兵”，由司机师傅驾车，沿南北方向以“S型”线路慢速来回。搜索人员分成几组，派往各车。每车间隔50米，每趟来回大约半小时。车行半路，遇到缓坡、山丘，搜索人员随时下车，徒步上山。

如此搜了三四天，还是没有眉目。人能到达的地方都去了，目之所及的地方都看了，莫非飞行器落在了这些范围之外的某个角落？

多少天来，大家早出晚归，在人迹罕至的落区跋涉。没有信号，没口热乎饭。前方，要与试验厂区做好协调，诸事繁琐，却不敢有丝毫疏忽；后方，有那么多领导和同事等着飞行器“回家”，不完成任务，拿什么向他们交代？可黄沙阵阵，前路漫漫，何时才有转机？何处才是归程？

可否考虑使用无人机？一个新的思路，让大家眼前一亮。是呀！万一飞行器是头朝下扎入了骆驼刺中，人眼确实很难找到。无人机就不同了，它能从上往下看，弥补平视的不足，也能往人到不了的地方飞，弥补人力的局限。

随即，无人机与无人机小组赶赴落区。之后，所有搜寻人员兵分两路，一路靠无人机，一路靠人接着搜。此时，搜寻已到第九天。

找到残骸后，兴高采烈的搜寻团队

那天，上午还烈日当头，中午却乌云密布。到下午 4 点左右，倾盆大雨突然从天而降，所有人都措手不及。黄昏将近，天不作美，难道今天又要无功而返吗？大家坐在车上，无望地看着沿路的一山一石、一草一木。

不经历风雨，怎么见彩虹

“快看前方！”突然，型号副总师刘成国的一句话，打破了车上的沉默。大家顺着他手指的方向看去，大雨滂沱中，天地混沌一片，一个黄绿色的东西躺在前方路旁，任凭雨水击打。

车开得越来越近，目标越来越清晰，大家的心跳也越来越快——没错，就是它！当车子开到目标物旁边时，所有人都亟不可待地跳下车，飞奔过去。一瞬间，大家的头上、身上都湿了，分不清是雨水、汗水，还是喜极而泣的泪水。

“冥冥中似有天意，它好像知道我们在找它，就等在我们必经的路边。又刚好有场大雨，把它冲洗得一尘不染，没有被风沙掩埋。这是刘总牵头做的项目，最终又被他给找到了，这是多么巧合、多么幸福呀！”周运强富有诗意地感慨道。

他们彼此为伴，在孤独时互为依靠，在攻坚时互为支撑。来自戈壁的一声求助，无论何时，都会得到北京同事的及时支援。这种默契的配合，给他们力量，让他们在无人旷野里坚持下去；给他们希望，让他们在戈壁滩上留下深深的鸣镝足迹……

（一院 14 所　楚芸焕）

穿行在“生命禁区”的航天人

7克高能物料，摆在桌上不仔细看根本难以辨别。哪能想到，这看上去一点也不起眼的化学原料，如果爆炸，威力等同于一个手榴弹。由于工作缘故，四院7416厂特种新型原材料制备团队需要长期与危险化工品打交道，他们用稳妥的操作、娴熟的技术、专业的知识，从容穿行在“生命禁区”，用性能稳定的化工特种燃料，助推某重点型号发动机一次次成功点火。

直面血与火的考验

盛夏的西安，一场大雨不期而至。

7416厂制备组高能生产线工人李波撑着雨伞在雨幕中穿行。他像往常一样于上午8点准点签到，随后仔细研读工作流程，换上工装，进入整洁的操作间……每天，李波和他的同事都要重复相同的操作。虽然这份工作已经干了20多年之久，但李波都以“刚工作时的认真劲儿”来对待每一天的工作，就连换工装这样的操作都一丝不苟。在别人看来这份枯燥、单一的工作，却让这位年轻人“于无声处”演绎出了别样的精彩。

时光追溯到23年前。一次普通的职业选择，让李波站到了航天最危险的岗位之一的前沿。

1996年，在我国某“撒手锏”武器研制过程中，高能特种原材料的合成作为一项关键技术，在7416厂开始了国内首次建线生产。然而，这种摩擦感度、冲击感度等指标都极高的高危化学品在当时让很多人谈之色变，更不要说去从事它的生产！那一年，刚刚走出校门年仅18岁的李波却主动报名，成为了首批粘合剂制备工。

当时李波没有想到，这一干就是 18 年。尽管每天工作内容枯燥雷同，但“有心人”的他却善于总结，很快成为操作骨干，两年后，他担任粘合剂制备组组长。由于是国内首条生产线，没有任何经验可以借鉴，李波便和组员边学习摸索边生产研制，先后提出并实施近百项技术改进建议。

然而，经验尚浅的他们还是经受了一次“血与火的考验”。2001 年 9 月 23 日，生产线突然发生爆炸，面对事故现场的一片废墟，七尺男儿落下了伤心的泪水。他明白了，与危险品打交道的工作就是这样残酷，危险随时会降临，只有心中牢记“安全”，熟悉预案，用扎实的专业知识和稳妥可靠的操作，才能确保万无一失。

目前，制备团队共有 34 人。这支平均年龄 33 岁的队伍，“80 后”占据了半壁江山。在生活中，他们紧跟时尚潮流，注重生活品质；而在工作中，他们所有的个性都隐藏在“航天蓝”的工装中，不苟言笑，小心操作，甚至是“战战兢兢”，从未有过丝毫懈怠。

摒弃杂念，紧绷安全弦

对于高能生产线而言，“安全”与“质量”同等重要。选择了高危岗位，意外在所难免。可是当遇到意外时，如何迅速化解危机，这对个人心智和专业素养都是极大的考验。

2007 年年底，正在生产中的某条生产线因设备故障发生高危原材料泄漏，数公斤的高危原材料一旦受到摩擦、撞击，极有可能发生爆炸事故。“猛于虎”的危化品处于危险状态，现状让所有人都捏了一把冷汗。现场的操作工人迅速按照事先制定好的事故预案，投入到抢险工作中。由于高危原材料有极大的麻醉性，尽管带有劳保护具，但是大家只能两人一组每次操作 5 分钟进行轮换。

“不能待太久，否则就出现像醉酒的现象，个人意识处于麻醉的状态。5 分钟之后，操作工就要在新鲜空气充盈的场地大口换气。”李波说，那次

高能党员突击队授旗仪式

抢险从下午 5 点持续到晚上 11 点，直到危险警报解除。

虽然工作时很多时候不直接接触危险品，但这份工作隐匿的高风险也让班组里很多人不敢对家人透露工作性质。今年 40 岁的李亚洲，从事这份工作已经 18 年了。每天过他手的危化品多达 10 公斤，家里人至今不知道他的具体工作内容，只知道“工作有点儿危险”。

在 18 年的工作经历中，李亚洲每天都紧绷着安全这根弦。无论遇到什么事，只要在工作中，就一定会摒弃杂念。“因为对工作不能做到足够了解，所以会有惧怕，这是正常反应。通过这些年的安全生产运行，我有信心能够把安全掌握在自己手中。”

储备知识，磨炼心性

2013 年 9 月，25 岁的西北工业大学硕士研究生宋颖顺利毕业，来到了 7416 厂，经过几轮实习，当车间主任征求她的岗位意见时，她毫不犹豫地回道：去高能生产线，做一名工艺员。

性格耿直的她坦言喜欢挑战。但很快，她就体验到了这个“火热岗位”的“独特之处”。和她一同进厂的同学，一般见习 1 个月就能独立操作，而她硬是接受了实打实的 4 个月的岗位培训、通过一系列严格考核后才独立上岗操作。

“考核中，除了理论考试、事故预案和生产实践外，还让我们以现场画图的形式来强化对操作的认知。这场考试细到所有生产线的阀门、管道都要一一标注清晰，不能有误。”回忆起岗位资格考试，被誉为学霸的宋颖依然历历在目。之所以“培训严、考试难”，原因只有一个：她从事的工作是高危岗位。

虽然工作才两年，但是宋颖已经经历过危险情况下的考验。有一次在操作过程中，出现紧急停电。他们日常工作所接触的危险品顿时处于“失控状态”。这是一种极其危险的炸药，掉在地上就能引发爆炸。宋颖和同事们戴着厚重的劳保护具，小心翼翼操作着，不敢有半点差池。两个小时的紧急“抢险”，让失控局面“转危为安”，宋颖才发现自己的衣服都湿透了。

虽然工作时间不长，但宋颖有超乎她年龄的成熟。她说，从事危险品工作，只要按章办事、小心谨慎、辅以专业知识，就不会出问题。每一次去生产现场工作，她和同事们都要花 10 多分钟穿戴那些厚重的劳保护具。“此刻，脑海中就会不自觉地闪过那些操作细则，心中从未有过紧张与忐忑。”

在这样伴随危险与挑战的岗位工作，对从业者的专业素养和脾气秉性都是极大的磨炼。在这个 34 人的团队里，大家各司其职，在完成好工作的同时，也建立了牢固的战斗友谊。无论是生产线建设还是工艺攻关，他们确保每一个细节安全可靠，使生产线时刻在掌控中运行。至今，他们负责的高能生产线已实现了 20 余年安全生产。

（国际交流中心　黄希）

胆大心细攻坚克难 敢为人先再攀高峰

2018 年 11 月 15 日，四院某新型高能推进剂发动机首台地面热试车取得圆满成功。作为发动机关键技术之一，42 所研制的新型高能推进剂成功得到应用，为推动我国新一代航天型号研制再次立下新功。自该推进剂开展研制以来，面对未知的艰难和风险，42 所新型高能推进剂研制团队毅然肩负使命，一路敢为人先、攻坚克难，充分展现了新时代“高能精神”的风采。

胆大心细 驯服猛虎

高能量意味着高风险。特别是新型高能推进剂要用到的某高能量密度材料，号称新一代高能炸药。课题组长周明川记得，配方研制之初，为了将几公斤原材料从北京安全运回所里，课题组同志把原材料溶入一种液体，然后

意气风发的新一代年轻的攻关团队成员

把液体容器一直抱在怀里，就这样一路把原材料“抱”回了所里。

第一次装药时的情景，42 所特级技师孙正国记忆犹新：课题组特地选了一个周末，避开了装药线上所有其他人员。所长、党委书记、主管所领导悉数到场，全程指挥。为了确保人员安全，每次进行清理、加料操作，孙正国都要把在场的同志全部“请”出装药线，身着全套防护装备独自一人进入操作间操作。

高能量密度材料不仅“脾气暴躁”，而且“性格孤僻”，十分难与其他材料相容。为了筛选出可以装药的配方和组分，课题组经常要在配方中进行各种新物质的筛选和使用性能研究。有时仅几克的物料，在手工预混后就会出现发黑、冒烟甚至明火现象。为了充分暴露配方组分的相容特性，研究员李洪旭把混合了微量物料的瓷钵捧在手里仔细感知温度变化，观察物料“发火”前的特性变化。像这样“玩火”般的试验，他们每年要进行数百次。

胆大心细，方能驯服猛虎！每一次试验，每一项操作，大家都不敢马虎，全身仔细防护，严守安全规程，手工面对面操作，严格遵守“准、轻、稳”的要求，详细观察记录存放过程状态，及时准确测试安全数据，分析理化性能结果，以无畏的勇气和严谨的作风，一点一点摸清安全规律，掌控安全风险，确保配方研制的顺利推进。

团队正在进行技术配方改性研究

攻坚克难 敢为人先

新型高能固体推进剂，两大关键组分均采用全新含能材料，国内没人做过，国外也无资料可查，原材料的合成、处理与应用一直是配方研制的难题。

研制初期，高能量密度材料成药性能很差，根本无法稳定成药。看着别的课题干得风风火火、成果不断，组里的年轻同志有些气馁。时任室领导庞爱民一再用当年高能材料的故事鼓励大家：硬骨头是要慢慢啃的，要耐得住寂寞，哪怕再“啃”它20年！面对原材料应用难题，庞爱民另辟蹊径，在国内创新提出粘合剂改性的观点，设计了多种思路，带领课题组成员日夜攻关，最终成功解决成药难题，在没有任何资料参考借鉴的情况下，完全依靠自主创新成功确定了配方的技术路径。

随着配方研制的推进，对高能量密度材料的需求也逐步增长，而此时原材料不仅合成量小，还遇到了质量波动问题。“搞配方就必须‘逢山开路，遇水搭桥’！”为了解决原材料后处理难题，时任室领导郭翔主动请缨，积极协调兄弟单位资源和设备，在余家湖基地架起行军床日夜值守，以“蚂蚁啃骨头”的精神处理大批原材料。为了彻底解决后处理难题，他亲自带队与厂家沟通协调，设计处理方案，组织“党员先锋队”“青年突击队”围绕原材料处理全力开展攻关。

团队成员“头脑风暴”开展技术讨论

从最初怀抱几公斤物料的“湿运法”，到最后的直接长途运输；从最初小批量手工处理，到大批量稳定生产，课题组同志冒着风险完成的数千上万次试验，解决了原材料工程化应用关键技术。课题组先后被授予总装备部、院预先研究先进集体，获得国防科技进步奖三项，被授权国防专利30余项，成功闯出了高能推进剂的自主创新之路。

团结协作　再攀高峰

随着配方逐步转向工程化应用，研制进度日益紧迫，技术风险和难度也越来越大。42所制定了严密的攻关计划，明确研制节点，识别技术风险，层层落实责任，执行一日一报制度。课题组全体人员随时响应进度要求，随叫随到、加班加点，确保攻关顺利推进。

流火的七月，正值高温假，却是课题组大干特干的时候。大家顶着近40摄氏度的高温，戴着厚厚的防护面具，将一桶桶原材料搬上抬下，再一勺一勺地洗涤、过筛、装盘、编号、烘干、装袋……汗水湿透了工服，布满了脸颊，但大家无暇顾及，仍小心翼翼地处理着“性格火爆”的原材料。

一次，攻关正在紧要关头，课题组成员宋会彬在下厂装药，他5岁的儿子突发高烧，爱人赵敏却要参加所里的攻关协调会。为了不耽误攻关，又不忍心把孩子独自放在家里，赵敏只好把昏睡的孩子放到了车里带到了科研区，每过一个小时就到车里看看孩子，直到完成了当天的攻关协调任务。

今年以来，课题组先后完成了大小几百锅装药，各项分析试验上千次，各类标准发动机试验近百发，解决了多项关键技术，成功实现推进剂首台全尺寸发动机试车考核，实现了新型高能固体推进剂从无到有、从有到强、从预先研究到工程化应用的飞跃。

（四院42所　刘国伟）

敢啃硬骨头的年轻人

“嫦娥”完美落月、太空“穿针引线”都离不开精准的制导导航与控制（简称 GNC），GNC 方案研发团队的成员几乎全部来自 502 所博士班组，这个拥有 35 名博士的班组，承担着我国载人航天、北斗导航等几乎所有重大型号任务控制方案设计工作。

人生的选择：“人活一辈子是要干点儿事的”

1992 年，解永春的论文在《自动化学报》发表，从那时起她的名字就与空间飞行器交会对接紧紧地连在了一起，之后她又发表了 80 多篇相关学术论文。对于解永春来说，博士毕业后到航天以外的公司工作，承担型号任务或者走上管理岗位都曾是不错的选择，然而，她却毅然选择了交会对接任

空间控制博士班组部分成员合照

务，从预研到立项，再到对接成功，一干就是20多年……

到2013年12月巡视器落月，邢琰在“嫦娥三号”任务中投入了整整10年的时间。2003年邢琰博士毕业，她的团队开始了夜以继日的背景论证工作，月面巡视GNC技术完全没有可继承性，仅月壤的形态就难住了几位博士，他们跑到吉林去买火山灰，跑到花鸟市场收集各种相似的石材，甚至周末到野外去一块块儿捡石头……几车皮的火山灰运到北京，他们找到合适的工厂粉碎，打碎的火山灰扬尘巨大，他们就戴着防毒面具进行试验。2006年，他们来到荒芜人烟的宁夏中卫，因为没有型号支持，沙漠里任何试验保障条件都没有，每天要开1个多小时的车进沙漠，然后再步行30分钟到试验地点，所有的试验设备都是他们手拿肩扛搬进去的。光照太强烈，没有遮阳篷，他们顾不上考虑自身风吹日晒，第一时间给试验相机配上了太阳眼镜。带着大墨镜的相机优异地完成了试验任务，很快项目圆满结题了。然而，背景论证结束后型号并未立项，博士们各奔东西，到其它项目、型号工作中，那时候他们迷茫过、困惑过，但他们并不后悔做了3年的背景论证，因为那就是他们热爱的事业。

工作的选择：“敢啃硬骨头，痛并快乐着”

2011年年底，国内首次外场软着陆地面点火综合试验已经到了第三阶段，原本进展顺利的外场试验碰上了大风、大雾频发的恶劣天气，对着陆器控制能力带来了极大的挑战，一旦控制不到位，造成爆炸或者推进剂泄漏，后果不堪设想。面对环境的强干扰，总指挥要GNC给一个明确答复：试验是否可行。“行”与“不行”只是一句话的事儿，却重如泰山。下午4点，博士班组方案研发团队冒着大雾踏上了前往朱庄的班车，那天路况非常危险，司机又不慎走错了路，车被困在了大雾里。这时，博士后王鹏基提议：“反正也困住了，不如咱们集中精力分析一下外界干扰的问题吧！”就这样，他们在一片迷雾中开始了热烈的讨论。快10点钟的时候，班车终于冲破大雾，抵达了朱庄。博士们也突破了“干扰”，连夜根据讨论的方案开始打靶仿真

班组成员在进行讨论交流

与数据分析。第一次点火试验时，随着主发动机一声巨响，亮丽的火光划过夜空，28个小发动机相伴左右按照既定方案翩翩起舞，虽然外界环境有很多干扰，着陆器还是稳稳地下降到既定高度，GNC控制能力得到了充分验证，表现完美！

就是这些“苦中作乐、执着追求”的技术牛人为我国的航天事业默默奉献着，也正是他们引领着控制技术不断地向前发展。

母亲的选择：“对事业的执着和坚守是我给女儿最好的教导”

2011年的一个清晨，王淑一接到一个听起来十分紧急的电话，她听出事情很严重，匆匆告别了家人。

到达单位后，集中讨论、设计抢救方案……转眼已是深夜。刚满3岁的女儿打来电话：“妈妈，你怎么还没回来呀？”“妈妈这里有事，你别等了，早点儿睡吧！”

持续的方案讨论、数学仿真、工程实现……王淑一作为方案设计人员，不仅要完成方案设计工作，还要指导数学仿真、协助代码走查，对系统试验的条件和正确性进行确认。一转眼4天过去了。

夜深了，502 所区静悄悄的。所门口，一位爸爸手里牵着一个小女孩，焦急地等待着……突然，小女孩激动地露出了笑容："妈妈，妈妈来了，妈妈我想你啦！"然后，径直扑进了妈妈的怀抱。

看着乖巧的女儿，王淑一哭了。十几分钟短暂地相聚很快结束了，小女孩懂事地挥了挥手，"妈妈，再见！"

经历了半个月的紧张工作，卫星成功恢复了正常姿态，所有人为之欢呼雀跃的时候，王淑一最期盼的就是可以赶快回家陪陪女儿，给她讲讲故事……

在交会对接初样设计时，解永春年幼的女儿因为想妈妈就不吃饭，几乎每次都是她晚上 11 点多加班回家后，将孩子从睡梦中叫醒，跟自己一起吃晚饭。作为母亲，她们发自内心希望把更多的时间扑在孩子身上，然而很多事情没有办法两全……

博士班组有句格言"快乐研发、快乐学习、快乐生活"，在研发这条艰苦而又充满挑战的道路上，博士们怀揣着人生理想，以乐观的心态、优秀的品格践行他们的人生追求和为学之道——有信念、有奋斗、有奉献的人生，才是有意义的人生。

（五院 502 所　李苹洁 王一琳）

最美的颜色是东方红

2007 年 5 月 14 日，“尼星一号”成功发射，这是非洲大陆拥有的首颗 C 波段卫星，它的启用大大改变了非洲国家长期依赖欧洲卫星的局面，而且从提供就业、获得双向高效宽带、改善通信状况等多方面为非洲的发展送去了“中国方案”。“尼星一号”是我国第一颗整星出口的商业卫星，圆了几代中国航天人“实现整星出口零的突破”的梦想，树立了东方红卫星平台又一个新的里程碑。

从无到有，从落后到领先，从服务国内到走向世界，回望东方红系列卫星及平台的发展历程，中国航天科技集团有限公司五院用半个世纪的攻坚克难，在太空描绘了一幅波澜壮阔的东方红画卷。

在太空升起“中国星”

1970 年 4 月 24 日，东方红一号卫星发射成功，东方红的旋律响彻寰宇，毛主席“我们也要搞人造卫星”的宏伟设想成为现实，中国成为世界上第五个能够独立研制并发射人造地球卫星的国家。从此，太空里有了“中国星”。

发射卫星只是第一步，用好卫星才是目标。20 世纪 70 年代以来，以孙家栋、戚发轫等为代表的第一代通信卫星人，树立“要研制出中国自己的通信卫星”的坚定信念，开始了研制东方红二号卫星的艰苦攻关。研制早期，没有性能优良的仪器设备，没有高速运转的计算机，文件靠手写，存档靠打字员打字，简单计算用计算尺，大型复杂计算要到专门的计算中心。新建好的、还没有实施过发射任务的西昌卫星发射中心，生活条件也极为艰苦。

试验队的住处就是当初建设发射场的工人住的工棚，简易砖砌的平房四面通风。然而，任何困难都打不倒一心报国的航天人，历经9年攻坚克难，他们最终掌握了通信卫星研制技术。1984年4月8日，东方红二号试验通信卫星发射成功，使中国跻身世界上第五个能够独立研制并发射地球静止轨道通信卫星的国家。

从1986年到1990年，我国先后发射了5颗东方红二号实用通信卫星，在我国电视传输、卫星通信及对外广播中发挥了巨大作用。然而，东方红二号系列通信卫星大都带有试验性质，在转发器数量、转发能力、工作寿命等方面，与国外差距较大。截至1988年，全世界共发射近900颗通信卫星，而属于中国的仅有5颗共14个转发器。到20世纪90年代初期，这5颗通信卫星的寿命全部到期。为了保证国内的通信和电视传输，中国不得不租用和购买外国的卫星来应急。面对“外星”即将大量进入中国的现状，老一代五院通信人可谓忧心如焚。面对“买星”和“造星”的不同声音，他们坚定地选择制造与国际先进水平并肩的“中国星”。

让世界见证“中国造”

从20世纪80年代末起，五院通信人踏上了研制我国首颗中容量通信卫星——东方红三号的新征程。他们经过深入分析论证，决定打破常规的卫星研制思路，直接瞄准当时国际上的先进水平，一步跨越20年，迎头赶上国际通信卫星事业的步伐。这意味着他们只能继承东方红二号通信卫星中20%—30%的现有技术，其余70%—80%的新技术都要进行自主攻关，这在世界航天史上也很罕见。在长达10年的技术攻关中，五院研制队伍先后解决了上百个技术难点，啃下了十余项“硬骨头”课题，1997年5月12日，东方红三号通信卫星发射成功。

当时，我国东方红三号卫星虽然在技术上实现了跨越，但在10年研制过程中，世界通信卫星技术又有了迅猛发展，并不断蚕食我国通信卫星市场。2000年，为加快提升通信卫星的市场竞争力，五院组建了以周志成院士为

研制团队攻坚克难

核心的研制团队，直接瞄准20世纪90年代末的国际先进水平，加紧开展对新一代大容量、长寿命、高可靠卫星公用平台——东方红四号的论证开发工作。周志成院士和他的团队立下“为民族工业生存发展而奋斗”的雄心壮志，下定决心“虎口夺食”，不仅要把国内通信卫星市场抢回来，更要走出国门抢占国际市场。他们一边集智攻关，向大型卫星中心承力筒、大容量卫星贮箱、大功率卫星热控等关键技术发起冲击，一边组建队伍积极参与全球通信卫星竞标。在2004年11月激烈的国际竞标中，团队成功突围，一举击败了美、法、英、意、以等国家的21家公司，成功拿下了尼日利亚通信卫星一号合同，并在用户苛刻的“25个月”时限内完成了卫星研制任务，刷新了卫星研制的“中国速度”。随着东四平台卫星日趋成熟，2008年10月以来，28颗基于东方红四号、东方红四号S、东方红四号增强型平台的通信卫星成功发射，不仅彻底扭转了我国广播电视领域“长期依赖进口卫星、使用受制于人”的被动局面，同时实现了8星出口四大洲，在世界舞台上打响了“和平利用太空源、积极履行大国担当”的中国品牌！

为未来染上东方红

2010年以来，为赶超国际一流，五院通信卫星研制团队又着眼满足未来20年大功率通信卫星需求，全力开发性能更加先进的东方红五号大型卫星公用平台（简称东五平台）。东五平台设计技术指标与欧空局2013年

通信卫星试验现场

发射的目前世界最先进的 Alphabus 卫星平台指标相当，部分指标甚至超过 Alphabus。东五平台转发器数量可达 120 余路，整星重量可达 7—9 吨，通信能力可达 120G 甚至 1T，是东方红四号平台能力的好几倍。

历经 6 年艰苦攻关，五院先后突破了数字化多学科总体设计、高承载多适应桁架结构、20 千瓦级超大功率电源系统、二维二次展开半刚性太阳翼、柔性动力学与控制、大推力多模式电推进等多项关键技术。目前，他们研制的实践二十号卫星正整装待发，等到发射成功，将带领我国高轨通信卫星的研发能力与水平进入领先世界的新时代。

从探索到实践，从试验到实用，从“跟跑”到“并跑”再到“领跑”，五院人坚定地前行在建设航天强国的道路上，他们正以自主创新为画笔，为通信卫星未来涂抹上最美的颜色——东方红。

（五院通信卫星事业部　孔晓燕）

幕后英雄亦有“星”光

“复移小凳扶窗立，教识中天北斗星。”如今，中国人在天疆也部署了属于自己的北斗星座。在这星座的背后，屹立着一位兢兢业业的北斗人，他就是航天科技集团五院北斗三号工程副总设计师、卫星首席总设计师谢军。“很开心也很兴奋，北斗这张蓝图终于实实在在地摆在大家面前。同时，这也是一个新的起点，未来还有更多的挑战等着我们。”胜不骄败不馁，谢军把他所有的执着和热情都献给了祖国的航天事业，30 余年矢志不渝。

“喜欢征服挑战、解决困难”

1982 年，从国防科技大学毕业的谢军，被分配到航天五院 504 所工作。该院从 20 世纪 80 年代北斗计划起步开始，就一直担负着北斗卫星系统和产品的设计制造工作。谢军与北斗结缘的种子在那时便已种下。从 504 所最年轻的高工、最年轻的研究员和副所长，一路走来，十几本工作笔记记录着谢

谢军总师在西昌卫星发射中心

谢军总师与团队成员共同研讨

军成功参研十多颗卫星和飞船的工作体会。

2004 年，谢军走上了北斗二号导航卫星总设计师的岗位。“如何从关键设备研制单位的负责人向卫星总设计师过渡，这是一道十分棘手的难题。”谢军坦言。对卫星总体结构不了解，谢军就亲自去拜访相关领域的老专家，直到把每个部件、每项产品、每个问题搞明白才肯离去；对热控分系统、电源分系统不太熟，他就逐一去请教专业能力十分强的老师傅。为了确保质量，满足用户需求，谢军还仔细学习了大量可靠性培训教材，有针对性地起草下发了《北斗二号卫星初样可靠性专题计划》，组成了可靠性工作小组和软件工程化小组，并在工作十分繁重的情况下亲自担任组长，对可靠性的复核复审工作均是亲力亲为。同时，对于有用户参加的重大评审会议，他都尽量参加，直接倾听用户的意见，并将这些意见在第一时间传达到团队中的重要岗位，千方百计地满足客户需要。

2013 年北斗三号工程伊始，经各部门研究决定，在北斗三号卫星上使用国产化行波管放大器。该设备之前一直是引进国外技术，负责研制行波管放大器的单位攻坚克难，费了九牛二虎之力终于研制出 6 台设备。可是，谢军在认真检查之后却作出了一个令人意想不到的决定：质量未达标，全部重做。“当初做这个决定还是非常艰难的，这不仅意味着该单位要推倒重来，继续倾注大量人力物力重新设计，甚至会导致整个工程大幅度延期。”谢军表示，质量和进度就像天平的两端，不能顾此失彼，而总师最大的压力便来自于如何保证在“零失误”的前提下按时完成工程进度。

“应该义不容辞地去做这些事情”

2004 年，北斗卫星导航区域系统工程正式立项，揭开了中国自主导航系统研制工作的崭新一页。彼时，困难重重、荆棘载途。

时间精度是卫星导航的命门，有“导航卫星心脏”之称的星载原子钟就发挥着提供时间基准的作用。在“北斗二号”建设时，星载原子钟成为绕不开的“拦路虎”。“航天产品的核心是质量过硬、性能稳定。”谢军介绍说，研制出的第一台原子钟在工作时经常会出现突跳，精度很差。为了解决上述问题，他经常深入一线与大家一起分析原理、掌握一手材料；有的时候，他宁可 36 小时不合眼，也要连续做完产品试验，不放过一丝误差。

那几年，谢军总是频繁往返于北京、西安、武汉、兰州等地，生怕有一家研制单位掉以轻心、松懈生产，担心有一款产品未达标准、出现问题。谢军团队多年不懈的努力，终于让北斗用上了自主开发研制的原子钟，性能媲美 GPS。

在北斗研制工作中困难常有、挫折不断。“北斗精神讲自主创新、团结协作、攻坚克难、追求卓越，的确是对北斗工程、北斗研制团队最好的诠释。”谢军认为，卫星研制是一项团队工程，没有个人英雄，航天事业的成功是一个团队的成功。在这支队伍中，有的人为了一组数据可以连续工作 24 个小时；有的人为了工程按期完成，可以取消假期甚至推迟婚期。“工作久了，奉献已经成了一种习惯，觉得就应该义不容辞地去做这些事情。”这是谢军，也是所有航天人内心最质朴的声音。

（五院总体部　宗闻）

天河漫漫北斗璨

“河汉纵且横，北斗横复直。”自古以来，北斗如天河中的灯塔，吸引着人们辨明方向、运筹四时的灼灼目光，承载着人们面对浩瀚宇宙“援北斗兮酌桂浆”的豪迈。

20余年来，中国航天科技集团五院的北斗导航卫星团队自力更生、披荆斩棘，在天疆迅速部署了“大棋局”，将“北斗”从遥不可及变为自主在握。

牢牢握住技术的“北斗柄”

20多年前，“北斗一号”研制在摸索中起步。国外对我们技术封锁，国内的部件厂家尚未成熟。“北斗一号”总设计师范本尧院士回忆，国产化从北斗一号的太阳帆板做起，“当时很多卫星都不敢上，北斗是第一个‘吃螃蟹’的，硬着头皮上。”以“北斗一号”李祖洪总指挥、范本尧总设计师等为代表的老一辈北斗人自力更生、攻坚克难，于2003年建成了北斗一

北斗三号卫星团队合影

号系统，使我国成为继美、俄之后第三个拥有自主卫星导航系统的国家。“北斗的研制，是中国人自己干出来的。‘巨人’对我们技术封锁，不让我们站在肩膀上。唯一的办法，就是自己成为巨人。”李祖洪说。

“北斗二号”研制在国产化的道路上迈出了大步。以谢军、杨慧等为代表的五院北斗人设计了国际上首个以 GEO/IGSO 卫星为主、有源与无源导航多功能服务相融合的卫星方案，攻克了以导航卫星总体技术、高精度星载原子钟等为代表的多项关键技术，打破了国外的技术封锁，建成了国际上首个混合星座区域卫星导航系统。2012 年 12 月，该系统开通服务，服务区覆盖亚太。

“北斗三号”更是一马当先，开始了从“并跑”到“领跑”的征程。在谢军、迟军、王平、陈忠贵等的带领下，团队率先提出国际上首个高中轨道星间链路混合型新体制，形成了具有自主知识产权的星间链路网络协议、自主定轨、时间同步等系统方案，建立了器部件国产化从研制、验证到应用一体化体系，核心器部件长期依赖进口、受制于人的局面被彻底打破！

“上天揭取北斗柄。”凭借自主创新的精神，北斗人做到了“核心在手”。

这里没有个人英雄

“这是一项团队工程，没有个人英雄，航天事业的成功是团队的成功。”北斗三号工程副总设计师、卫星首席总设计师谢军说。

创业阶段，老北斗人用药盒和大头针制作简易的卫星模型向新员工细细讲解。后来，他们设立了督导师制度，手把手地助推青年成长，并认真编著了总体设计指南和禁忌，倾囊传授。创新开展的虚拟卫星培训项目也渐渐成为“新人”的必修课，他们用不到一个月的时间协同设计一颗虚拟卫星，通过考核后才能走上工作岗位……现在，他们有了“科研生产一体化管控平台”等数字化工具，显著提升了研制能力。

北斗团队走出了中国工程院院士范本尧以及十余名卫星总设计师 / 总指挥等领军人才，为我国北斗导航事业的发展打造了“明星”阵容。

北斗人在发射前签名誓师

百米冲刺跑马拉松

“我们是以跑百米的速度在跑马拉松。”谢军如此形容北斗的研制节奏。

很多北斗人至今还清晰地记得，2007 年首颗北斗二号卫星研制的那段“激情燃烧的岁月”。根据国际电联的规则，频率资源是有时限的，过期作废。在争分夺秒完成了前期研制并进驻发射场后，所有参试人员又大干 3 天体力活，搬设备、布电缆，紧接着就是 200 小时不间断地加电测试。院士、型号老总和大家一起排班，共同度过次次险情和考验，终于在距离空间频率失效仅有不到四个小时时获得星上的清晰信号，从而有效保护了我国卫星导航系统的频率资源，拉开了北斗区域导航系统建设的序幕。

高精度时间基准技术决定着定位精度和整个工程的成败，但是研制出的第一台国产星载原子钟的精度很差。为此，北斗人展开了艰苦卓绝的攻关，全力啃下了这块“硬骨头”，使国产星载原子钟从无到有、从粗到细，性能指标不断提高，成功突破了技术封锁。

匠心成就精品

五院北斗人凭借着对事业的热爱和执着，用匠心打造北斗星。“零缺憾”是他们执着追求的目标。

在第 9 颗北斗三号卫星某关键单机测试中，总体主任设计师刘家兴发现了一个关键指标超标。超差了多少？小于一纳秒，也就是说，小于十亿分之一秒。进一步排查无疑会平添很多工作量，还不一定能查出结果。在批产研制如此紧张的时候，增加这么大的工作量，怎么办？刘家兴选择坦诚地与设计师们交底，赢得了大家的支持。他们深深地扎下去，同甘共苦，始终不放弃，最终发现了产品设计上的深层次质量问题，保证了卫星不带隐患上天。把工作看作神圣的事业，用匠心打造精品，使北斗人不断刷新纪录，创造了一个又一个奇迹。

天河漫漫，北斗璀璨。北斗人在太空构建了属于中国人的闪耀星座，在不远的未来，这个星座的光芒将照耀全世界。

（五院总体部　潘晨）

一支青春正好的宇航团队

“面对长期承担载人航天业务的多家单位的竞争，咱们宇航队伍能成功拿下分系统任务，说明这是一支能打硬仗的队伍，而且事实证明，他们也干好了这件事。”这是七部主任李丹对该部宇航队伍的评价。

七部宇航分系统团队，成立之初便肩负着向载人航天领域开疆拓土的重任，多年来脚踏实地、新益求新，把每一项任务落实落细，把每一个设想变为现实，实现了七院载人航天领域分系统零的突破，走出了一条独具特色的发展之路。

“先给自己提了点问题”

介入载人航天工程后，宇航分系统团队首先承接了空间站视觉环境设计。据团队骨干回忆，“当时也没想过什么创新，只是想好好完成型号任务。俗话说，解决问题要先提出问题，所以我们就先给自己提了点问题”——如何

宇航分系统团队

实现舱内视觉环境要素的合理设计？如何同时给出主观性认知和素材的客观效果？如何用更低成本和更短时间实现设计目标……为了解决这些问题，队员们决心“在学中干，在干中学”。

方案阶段，为了提升设计及展现水平，团队就专门开展光度学、织物动力学等软件培训。为更好地实现仿真验证，团队还特别针对视觉环境和人机工效开展 VR 场景的仿真平台开发，实时提供各种色彩模拟与展现，并对航天员在轨各类活动的舒适性、操作性进行评价。

通过 VR 仿真，设计质量显著提升，在载人总体部组织的系统级工效学评价中得到了好评。分系统交出了一份总体满意、用户满意、自己满意的答卷。

“要比国际空间站好”

2008 年起，分系统开展对载人舱内装饰的研究。如何应对太空环境？如何满足抗菌防霉、阻燃、高强度等综合性能？团队从模仿国际空间站的思维定式走出，自主研发载人航天用高性能特种材料。“模仿比较简单，但中国空间站要有自己的材料，还要比国际空间站好！”分系统设计师说。

通过广泛调研，团队发现带正电的碱性壳聚糖表现出优秀的抗菌性能，将壳聚糖和多种材料进行集成，就有了具有良好抗菌防霉、防静电、阻燃性能的特种纤维布。团队还在聚醚多元醇中加入多种原料和助剂，自主研发满足载人航天要求的特种聚氨酯泡沫。天道酬勤，2018 年经省级鉴定，特种壳聚糖纤维布和特种聚氨酯泡沫的性能均优于国际空间站所选用的同类材料，且特种壳聚糖纤维布被认定为国际领先。

承接空间站工程物资运输任务后，团队再次出发，发明高效包装和装载优化技术及整船货物高精度装载配平技术，为货物装载、发射上行提供高效安全的保障。运载性能优于俄罗斯、欧洲、日本的货运飞船。

团队参与“天舟一号”发射合练

“想方设法占到先机”

如果满足于已承担的物资管理分系统和货运飞船货运保障分系统，不沉心静气作出新探索，就很难深耕现有型号的核心关键技术，更别说在宇航领域占到先机了。

在分系统团队中，有一支预研小队。“预先、预先，就是要想方设法占到先机。”小队成员开玩笑，“七部在载人航天工程里面是新丁，但不想当大佬的新丁不是好菜鸟。”小队积极跟踪重大工程、专项的最新进展，详细开展宇航预研拟发展方向的可行性与风险分析，探索求证，力争尽快在宇航预研领域实现突破。

功夫不负有心人，分系统团队深入参与载人登月“关深”项目，借鉴七部既有研制经验、提出了“杂交软着陆受控缓冲、硬着陆简约体系”穿透式原位探测方案，勇闯月球极区，为七部战术武器技术延伸至深空探测领域、七部承接宇航领域系统以及总体级项目打下了坚实的基础。

不断学习、思考，面对新的问题、挑战新的要求、踏入新的领域，才能始终保持最鲜活的生命力，在平凡的岗位上完成不平凡的事业。2019 年，分系统团队荣获五部委联合颁发的“中国载人航天工程突出贡献集体”，这既是对过往的奖励，也是对未来的期许。七部宇航队伍刚 10 岁，正是青春好时候，将更加努力，不断创新，为探索深度介入宇航领域求发展作出更多的贡献。

（七院　程一倩）

创新团队背后的故事

是日，研发中心主任陈云波突然一本正经地穿上一身正装准备出差。面对“波总”难得看到的西装革履打扮，部门年轻人都打趣地问：“领导，有什么好事情啊？”波总笑而不答。4 月 12 日，陈云波作为项目团队代表登上了七院第二届创新大会领奖台，从院领导手里接过了“七院科技创新团队一等奖”的奖牌，才揭开了这个谜底。

“先工”的保证书

进入 21 世纪，各国逐步加快了航天技术的发展步伐，作为航天重要支撑技术，航天火工技术也到了更新换代的关键时期。国际严格的技术封锁、国内同行的技术保密、公司内部缺乏一个独立的团队，这些都不利于预研工

优秀的研发团队

作的开展。2013 年，公司未雨绸缪，投入资金和人员成立了独立研发团队，开始新型航天火工技术的预先研究。

组建项目团队的重任落在了研发中心火工技术研究室室主任“先工”的肩上。团队成立之初仅有 3 人，优秀人才的引进迫在眉睫。先工身为团队负责人，奔赴多个高校，横跨祖国南北进行新人招聘，满腔热情地为年轻人宣讲航天火工事业，不断地发展壮大团队。在众人的质疑中，3 位成员凝心聚力，汲取以往团队的经验教训，在忐忑和坚定的交织情绪中迈出了艰难的第一步。几年来，在公司的支持下，在大家的努力下，团队由最初的 3 人发展为现在的 15 人，先后突破药剂制备技术等多项关键技术，申请了多项专利，发表各类期刊论文及国防科技学术报告 30 余篇。

人才是事业发展的前提。技术团队的每一位成员几乎都是由先工积极争取到的。回想当初进团队的历程，研究室的新人小曾激动地说：“咱公司在招聘时有个不成文的规定，只接收应届毕业生，而我当时已毕业半年有余。先工看到我的专业方向恰恰是技术团队当时欠缺的，他执着地找人力资源部门沟通，最终公司同意以签保证书的形式进行人才引进。签保证书意味着先工要为引进人员承担责任，而他没有丝毫犹豫就在保证书上签了字。士为知己者死，我下定决心要在这个团队中发挥自己的能量。”

凝聚产生力量，团结诞生希望。就这样，项目团队在“组团打怪”的道路上，越走越远，越走越顺。

“先工”团队在“集智攻关”

“玲姐”的攻关案例

技术研发无“捷径”可走。2016 年 9 月，采用新型技术研制的某产品进行了第一次综合环境试验。多年的付出能否在本次试验中交上一份满意的答卷？技术团队的成员们内心十分忐忑，仿佛回到了当年高考前夕。“玲姐”是这个产品的技术负责人之一，当时她恰好是一位准妈妈，挺着大肚子十分辛苦。有同事对她说：“‘轰隆’声对宝宝有影响，这次试验你可以不在现场，试验完成后我们马上通知你结果。”她却坚定地说：“我想亲耳听到每一发的轰鸣，这样才能安心。”最终她坚持和大家一起守在发火试验现场。可惜天不遂人愿，该批产品出现多发瞎火，最终试验暂停。玲姐立刻带领研究团队开始了紧急归零。在装配车间的配合下，技术团队连续 30 个日夜对问题进行解剖、分析、复现和评审，最终解决了问题并提出了改进的方法。

2017 年，该产品进行了第二次综合环境试验。本来大家对这次试验成竹在胸，然而最后一发产品在常温测威力时却意外地出现瞎火，当时大家五味杂陈，心情一下子跌入谷底。玲姐给大家打气说：“现在遇到问题是好事，说明我们之前对问题剖析不彻底。现在多遇到一个问题，产品用到航天系统中就少一份风险，我们追求的是万无一失。”于是，研究团队再次对产品进行解剖分析、问题分解，并建立故障树依次排查，但也查不出个究竟。原因到底是什么呢？大家如热锅上的蚂蚁焦急万分。最后，大家寻求外援，向专家以及高校的教授集智，最终确定产品自身没有问题，问题在外部。于是，大家调整了发火设备和工装，保证了发火能量的高效传输，实现了产品的可靠工作。

有一次同事们聊起这件事时，焊线员敏姐骄傲地说：“在整个产品研制过程中，玲姐一次又一次地挑战我的技术水准，我的焊线技术现在是更上一层楼喽！”玲姐听后露出了会心的微笑。

就是这样，技术团队一边查文献、搜资料、找专家，学习国内外的研究方法；一边设计自己的产品结构，分步突破。通过研究团队一点一滴的努力，逐步有了后来多样化、系统化的应用产品。

“小雪”的搬运史

随着技术团队的逐步壮大，承担的项目越来越多，配合总体进行的试验也日益增多，随处可以看到技术团队忙碌的身影，其中有一项重要试验由团队新成员小雪负责。这个试验需要经常出差，由于配合单位多，加之泸州当时交通不便，每次出行都需要几经周折，同时要携带试验所需的相关设备。他常常以瘦小的身躯拖着几十公斤重的设备箱及工具箱，徒步走、坐汽车、赶飞机，前往多地进行试验，最终确保了试验成功。虽然小雪在这个过程中瘦了一圈，他却笑称“感谢这些频繁的出差及搬运，不然怎么会造就我现在的魔鬼身材，多让你们羡慕啊！”

公司的项目研发团队正是由许多敢为人先的“先工”、认真的“玲姐”、乐观的“小雪”组成。每一次难题的顺利解决、每一个项目的圆满完成、每一次飞试的捷报传来，有着挑战、有着收获、有着成长，更是像这样一些航天青年奋力书写的不凡篇章。他们以严慎细实的航天人作风和强我中华、壮我国威的爱国情怀，立足岗位、锐意进取、不忘初心，令人心生敬佩。

（七院四川航天川南火工技术有限公司　李雅瑟 罗咏梅）

让创新成为信仰

1995 年，从上海交通大学硕士毕业，仅用 3 年时间便成长为上海卫星工程研究所所长助理；36 岁跻身中国航天最年轻的型号总设计师之一，2010 年作为总设计师带队研制的首颗星——实践十二号成功发射，一举填补了四项国内空白。他获得的国家级、省部级奖励不胜枚举，2015 年获得何梁何利基金科学与技术创新奖青年创新奖；他在八院抓总研制的卫星型号最多，从低轨到高轨，从大卫星到小卫星。他就是集团公司和八院科技委常委、多个卫星型号总设计师陈占胜。同事们都说他“聪明”，但他却把“创新”作为自己的信仰。

没有创新，就没有竞争力

用陈占胜自己的话形容他的职业生涯，他“出道算早的”。看了他的简历你也许会惊讶，一个学焊接工艺及设备专业的人，居然能在 3 年内掌握卫星的研制技术，并成为卫星总体所主管研发的所长助理，能在没有任何卫星工程研制经验的情况下担任“实践六号”这一开创领域的卫星副总设计师。实际上，这一切都与他的创新精神密不可分。

他说：“没有创新，就没有竞争力，就没有发展。”所以，他研制的每一个型号都是新领域的，而且都在新领域填补了国内空白。实践十二号卫星就源于国家一个 5 万元经费的预研课题，最终填补了国内相关领域空白，并荣获国家科学技术进步奖一等奖。他参与研制的实践六号卫星，填补了我国在该领域停顿了 25 年的空白。实践十六号卫星的相关技术达到国际领先水

陈占胜在酒泉卫星发射中心厂房

平。2015年9月，他研制的浦江一号卫星成功发射。作为总设计师，他不仅开创了“即插即用”的设计理念和“众筹”商业模式，开辟了八院微小卫星的新天地，更紧密贴近了国家整个军民装备体系的深刻变革。

一夜白头，用科学精神砥砺担当

从获得上海市五一劳动奖章、市IT青年十大新锐到国家科学技术进步奖一等奖、二等奖和国防科技工业委员会国防科技进步奖二等奖，从获得集团公司航天基金奖到国家何梁何利基金奖……似乎能得的奖陈占胜都有了，但当被问及获得这么多奖有何感想时，他却说：“对于获奖，我一直是‘被动’的，只是想着把型号研制工作干好，获奖当然是一件很高兴的事情，但工作该怎么做还是怎么做。”

鲁迅曾说，“安逸的生活往往为工作所累”，这句话几乎是陈占胜生活的真实写照。由于负责的型号多，工作负荷和难度常人难以想象，在研制“实践十二号”期间，他一度患上了睡眠障碍症，一头黑发一下子变得花白，但这丝毫没有影响他年轻而富有激情的内心。他说：“虽然获得了何梁何利奖，但我不是科学家，但我会一直致力于用我的创新、创意解决科学技术的工程实现问题，推动航天技术发展得快一点再快一点，带动国家的产业多一点再多一点。”

陈占胜对获奖是被动的，但支持卫星产品国产化却从不被动。“如果我们不用，国产化就更难发展。”他说，“只要我们做好试验，过程严格控制，就基本没问题。不要因为它是国产的就对它产生偏见。”所以，他在用户没有强制要求的情况下，在实践十二号卫星上首次使用了国产行波管放大器，结束了长达 20 多年国内没有一个总师敢用的局面。之前，仅此一项产品我国每年进口就要花费 10 亿欧元。随后，他又在“实践十六号”上使用国产行波管放大器。

后来，国产行波管放大器在我国飞行器上得到推广使用，现在，中央军委装备发展部已经明确要求国内的飞行器全部使用国产行波管放大器。这不仅打破了国外对我国宇航用元器件进口封锁和同类产品国外技术垄断，为国产化产品在宇航领域的工程化应用作出了重大贡献，而且为我国创造了巨大的经济效益。

敢于亮剑，创造历史新纪录

陈占胜负责的型号多，每一个又都各不相同，所以团队成员大部分也都身兼多个型号。在团队成员的心里，陈占胜是一个极聪明的老总。他说：“团队不仅要能埋头干活，还要会抬头看路。”而在他的眼里，每一个团队成员也是最棒的。他说：“我有什么想法就和他们沟通，他们有什么思路也会放开了跟我讲，这样就有更多的时间思考新的想法、谋划新的项目。”用开放

陈占胜在会议中听取汇报

的精神带领团队，因此即使是在“实践十二号”研制过程中每周工作7天、每天工作11小时的“711”的工作模式下，队伍依然保持着昂扬的状态。

实践六号A星组建队伍时，队员平均年龄只有28岁，几乎是当时国内最年轻的卫星队伍。2010年4月，团队用10天时间完成了实践六号04星的两个大型试验、实践十二号卫星出厂、实践十六号整星方案设计评审等工作，这个敢于亮剑的金牌团队又一次创造了航天历史的新纪录。陈占胜说：“我们这支队伍最大的特点就是，别人看我们还是很年轻，但我们已经拥有了多颗卫星的工程研制经验。”他们不仅是年轻派，更是实力派。

2010年，陈占胜带领“实践六号”研制团队收获了圆满，四颗卫星发射成功并圆满完成太空探测任务，尤其是03星和04星相关系统从方案到在轨五个阶段没有发生一个质量问题，与发射场、运载系统一起开创了发射任务零故障的纪录，被国家和集团公司誉为航天里程碑事件。

（八院　岳付升）

赤子之心献身航天事业
孜孜不倦方显工匠本色

40 年坚守一线锤炼技能、40 年迎难而上披荆斩棘、40 年只问耕耘不计收获、40 年率先垂范桃李芬芳，这是他为毕生事业交出的答卷，也是对他毕生奉献最好的总结。他就是九院 7107 厂国家特级技师、原航天工业部劳动模范、航天技术能手、陕西省国防系统优秀党员——柏锁劳。

不待扬鞭自奋蹄

1976 年，刚毕业的柏锁劳来到 7107 厂总装车间从事平台装配工作，一干就是 40 多年。岁月改变了他的面容，技能报国的初心也在岁月中打磨得越发光亮照人。他负责的产品装配牵一发而动全身，失之毫厘，谬以千里。他始终以最严格的标准要求自己、最纯熟的技术对待产品、最赤诚之心报效国家。

装配车间条件苛刻，常年置身其中对人体造成的损害极大。某系列型号产品的导电装置结构小、导通环数多，装调时必须在 40 至 60 倍放大镜下调整检查。在显微镜下长时间调整电刷，会造成眼睛胀痛，连续工作两三小时，眼睛连五米外的东西都看不清。但若不仔细调整好电刷，会造成平台倒台或发生严重质量事故。为确保产品质量，柏锁劳坚持在放大镜下对产品进行调整检查，每天不少于 6 小时。仅一年，柏锁劳就带领小组完成车间下达重点任务 200 多项，个人完成定额 7000 多小时，加班 800 小时以上。正是凭着这近乎苛刻的自我要求和精益求精的质量追求，柏索劳手中从未发生过批超差及重大质量事故。

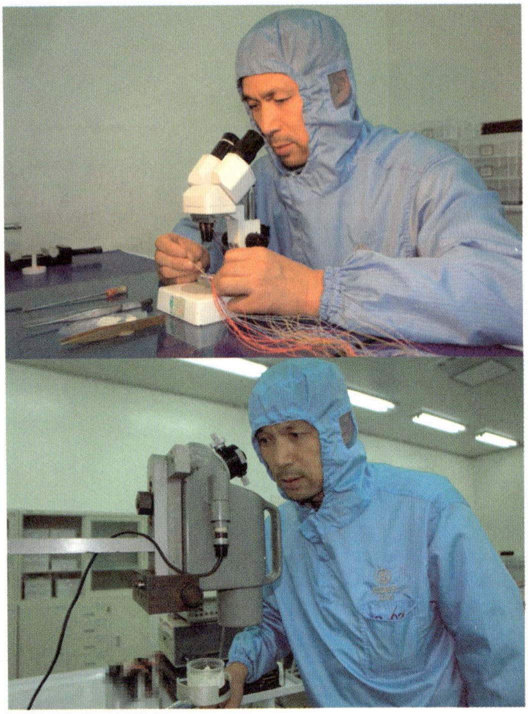

工作中的柏锁劳技师

如痴如醉练绝技

长期的集成装配工作，使柏锁劳练就了一身绝技，这些绝技不是无根之木、无水之源，而是源于他强烈的创造欲望。

早期平台台体装配所用的工装很不方便，针对这种情况，柏锁劳自己动手设计制作出了两轴支架式三面体。使用此支架式三面体只需一次安装，就能完成台体部分的全部装调焊接，减轻了劳动强度，提高了工作效率。经过多个型号多个批次产品装配的使用，证明了两轴支架式三面体比固定式、门式三面体使用方便，工作效率高，消除了操作过程中的不可靠性，现已成各型号平台装配中的重要夹具。40 年来回于装配台前，长期的实践摸索、苦苦寻觅，为柏锁劳积累了丰富的实战经验，那些奇妙的创造火花，就是长期实践结出的果实。

创新是工艺革新的原生动力，也是柏锁劳 40 年工作中的不懈追求。柏锁劳在工作中思考，思考中进步，进步中创新，通过不断创新解决生产难题，点滴里透出他的拳拳爱厂之心：某重点型号平台棱镜安装与调整，为工厂节省00级平板购置费四十多万元；改进石英表在平台上的调整方法，使基准误差由OMT转台上的3秒减小到1秒以内，提高功效40%；在某重点型号及长三甲等平台静平衡中，全面考虑三个轴的不平衡量，在台体平衡时兼顾内环加配重，内环平衡时考虑外环加配重，尽可能减少平台的重量；等等。他的诸多建议和方法被设计员和工艺员在相应的文件中采用，形成的《某型号动调陀螺四轴稳定平台制造技术》获部科技进步奖二等奖（获奖编号98132144）；《三轴静压液浮陀螺稳定平台制造技术》获国防科学技术进步奖二等奖。

言传身教树标杆

为使工厂产品装配工作后继有人，柏锁劳总是提醒自己不能让自己一身的绝技失传。为此他认真带好徒弟，教是手把手地教，传是一对一地传，传授技艺毫无保留，装配前要做哪些生产准备，装配中要注意什么，他都认真教授，重要部位亲自示范，使青年员工逐步掌握装配要领。同时他还摒弃异师徒弟之嫌，不论谁带的徒弟在工作上遇到不明白的问题，他都耐心地给予指导。柏锁劳先后带出的徒弟中有国家级技师、高级操作工，他们都已成为工厂装配工作中的中流砥柱，这离不开柏锁劳的悉心栽培和无私传授。在他的带领下，所在的小组连续多年获得厂级先进班组、“青年文明号”班组、九院“金牌班组”等诸多荣誉称号，工匠精神在班组广为流传。

技能报国、匠心逐梦。他在平凡中坚守，打磨“中国制造”；他在执着中超越，忠诚化作报国力量。这就是柏锁劳的赤子之心，这就是柏锁劳的工匠本色！

（九院7107厂　刘岚）

向前进，一步一个脚印

作为中国卫通所属鑫诺卫星通信有限公司（简称鑫诺公司）的主要业务部门，作为“海星通”品牌的服务窗口单位，鑫诺公司业务运行班组经历了15年的不断成长，从几个人成长为今天由25人组成的运维技术团队，并荣获“金牌班组”“六好班组”“青年文明号”“青年安全生产示范岗”等多项集团公司荣誉称号；从数十个站点，到今天7000个站点运行维护；从单一技术网络，到今天多主站、多射频、多基带的平台化管理；从2G到4G，从B2B到B2C，班组随着时代的步伐不断发展壮大。

“90后”的冰与火之歌

除了“海星通”品牌，鑫诺公司还有很多其他业务。卫星与铁路的结合就是其应急通信中的一个案例。

张天钰，一个北京孩子，2014年来到鑫诺公司加入业务运行班组，“90

荣获航天科技集团金牌班组荣誉（右二）

结束了忙碌，风尘仆仆的“90 后”班组成员张天钰和天线合影

后”的他工作不久便参与了沈阳铁路局卫星应急通信项目。

冬天的东北是最难熬的，但对于冬天凌晨的东北，又有多少人感受过。这个时候，零下三十几摄氏度是司空见惯的。一个不到 100 斤重的男孩，在这样的温度里，穿成了胖粽子都还在发抖。整个寒冬腊月，张天钰奔波于东北地区的各个车厂，进行车载卫星通信系统的上路测试，而几乎所有测试都要在深夜进行。

从入夜到天明，喝口热水、吃口热饭是不可能的。设备都需要先在室内捂热了才能工作，更不用说是人了。双手早已经冻僵，小小的螺丝在手里拿都拿不住，还要一点一点拧到螺丝孔里去。

坚持就是胜利，经历寒冬，计划中多部卫星系统的安装调试顺利完成。细致认真的工作态度和高水平的工程质量，使用户对张天钰的工作十分满意，沈阳铁路局应急通信项目也获得了圆满成功。

渐渐地，卫星应急系统在哈尔滨、广西、乌鲁木齐等地推广开来，张天钰坚韧不拔、勇于奉献的意志在其中功不可没。其实，张天钰只是这个项目中的一员，在他的背后是全体卫通人、鑫诺人无私的奉献在支撑着他。

“70 后”的 15 个春秋寒暑

白宝利，大家都叫他白工，一名普通的运维人员。15 年前，一个由几人组成的小团队，接下了中国移动村通项目。从项目调研到方案设计，从站点开通到系统运维，每一步都有白工的身影。

村通站点分布在偏远的山区，当地的维护人员别说懂得卫星天线设备了，就是最基础的26个英文字母都背不下来。

为了指导维护，每台设备近百个参数，白工都能倒背如流。这样只要通过上下左右和确定键，他就能远程指挥当地维护人员进行操作。比如，“按四下向下，按一下向右，把第二行的数字告诉我。”没有详细的信息反馈，有的只是对设备的无比熟悉。就是这样，白工一干就是15年。

作为班组最年长、经验最丰富的工程师，他把细致周到的工作作风传给了每一个年轻人。班组也以白工为榜样，组织了多次技能学习、比武活动，学习和发扬这种敬业精神。

平凡岗位的不平凡

鑫诺公司最为人熟知的就是“海星通”海上通信品牌。每次向客户介绍时大家都会充满自豪：“这是国内第一个覆盖全球的卫星通信网络，覆盖全球90%以上的海上航线。”

“海星通”能够为远洋船只提供全球性卫星通信服务。通俗地说就是一

“70后”班组成员白宝利

班组合影

艘远洋船只，从港口出发，绕地球一周，“海星通”可以为这艘船只提供不间断的卫星通信服务。

而业务运行班组绝大多数的同事，每天、每小时、每分钟都默默地坚守在电话机前、坚守在网管电脑前、坚守在卫星设备前，为“海星通”保驾护航。

为了保证业务的正常运行，班组平均每天要处理超过 50 封的邮件；平均每天要接听超过 200 个电话；每天两次的日常巡检，检查、记录设备的各项状态、参数超过 400 项；微信、QQ 等即时通信工具每天收发内容超过 1000 条。

因为工作性质的原因，吃饭必须轮流去吃，喝水必须轮流去喝，上厕所必须等出去巡检的同事回来才能去。因为电话过多，很多同事都出现过间歇性幻听，一个人同时接两三部电话的情况更是稀松平常。

因为在鑫诺人眼中：平凡的事，坚持做好就是不平凡；简单的事，坚持做好就是不简单。任何工作都没有捷径，有的只是脚踏实地，一步一个脚印。未来，班组的每一个人将继续与奋战在卫星通信战线的大家一道，不断向前进，为的就是实现“海星通”的那句口号——让天涯不再遥远，让家人就在身边。

（中国卫通所属鑫诺公司　马宇航 金炜）

逐梦攀登篇

37 年未失手的数据“捕手”

702 所的吴强是一名飞行器动试验测试工，大家都习惯叫他“吴大哥”。“大哥”这样的称呼不仅是因为他工作资历久，更是对他工作担当尽责、无私奉献的一种尊重。作为一名工人，他的工作不是在车间里与机床等生产加工设备打交道，而是通过各种设备和记录仪器，测量并获取飞行器在各种环境下的物理数据并编写成试验报告。这些数据对型号设计人员而言是重要的参考和依据，关系到型号最终的成败。作为这样一名数据“捕手”，吴强在测试工的岗位上，取得了从业 37 年来从未失手、关键试验数据获取率 100% 的骄人战绩。

“对每次试验都心存敬畏”

1982 年，20 岁的吴强从部队退伍并光荣地成为了建设我国航天事业大

1984 年 1 月 27 日，吴强（后排中）工作的测量组被评为先进集体

家庭中的一员，他来到702所成了一名飞行器动试验测试工。702所是我国航天系统中开展结构强度和环境、可靠性工程研究与试验的专业机构。做试验，最怕的就是试验结束了但数据获取出现问题，而吴强特别自豪的是，从业37年来，他参与的百余次试验都准确获取到了真实有效的测试数据。他说：“能做到这一点，是因为我对每次试验都心存敬畏。”他讲述了一个时至今日都令他难忘的故事。刚参加工作时，作为学徒，一次师傅带他参加外场试验，他亲眼目睹了兄弟单位的一位同行前辈，因为试验数据获取有误，给试验带来了毁灭性的后果。吴强回忆，那天晚上他看到那位前辈一个人躲在试验场的角落里痛不欲生，从那撕心裂肺的哭声中，他体会到的是那位前辈对自己给国家带来巨额损失的深深自责。从那时起，吴强就告诫自己，作为一名测试员，一定要对每次试验任务心存敬畏，因为每一个数据的获取成功与否、真实与否，都会关系到整个试验的成败。他说：“作为一名合格的‘捕手’，就是要从一点一滴的小处做起，以严慎细实的工作作风，确保试验数据的获取，维护国家的利益。”

“智多星”敢打硬仗

现任702所副总工程师的张建华说，吴强在工作中技术精湛，善思考、爱琢磨，尤其敢打“硬仗”，特别能攻关，被大家称为“智多星”。吴强最让人称道的攻坚之战是某意义重大的重点型号的一次试验。这次试验，一些传感器空间位置非常复杂，安装难度极大。此外，试验产生的强大冲击力，会将粘接强度不足的传感器“击落”（即打飞），致使试验数据获取失败。面对如此难题，在大家一筹莫展时，吴强主动请缨。思考良久，他决定参考车辆的轮胎纹路提高传感器和试验件表面的粗糙度，以便紧密粘连。他在传感器和试验件的表面，磨制出45°角交叉的井字格纹路以增加粘胶面积，让传感器紧紧地粘接在了试验件上。最终，所有数据完美获取，试验圆满成功，型号研制取得重大突破，吴强也被现场领导点名表扬。还有一次，在某型号试验中，试验方临时要求要获取喷射口附近的数据。燃气流火焰温度高达 1200 摄氏度，如果在这个位置连接数据采集设备，肯定会被烧化。吴强经过反复摸索和不断验证，借鉴返回舱的防烧蚀原理，独创了“多材料复合 + 多层防护缠绕式组合”工艺，用低廉的工业级柔性防热材料包裹住数据采集设备，它们在遇到火焰时，会燃烧碳化，在带走热量的同时又阻止了内层燃烧，让设备毫发无损，并且可以完美地捕捉到试验数据。目前，这项工艺已成功应用于多个型号的试验，特别是在长征七号运载火箭助推器回收试验中，应用该工艺让试验数据无一漏网。此外，吴强所提出的“非接触 + 电测”冗余方案、“微型摄像头 +0.1 毫米靶线网 + 分布式应变”裂纹定位等测量方法，也都为解决型号试验测试难题立下了汗马功劳。

“能够从事这份崇高的事业，是何等的光荣与自豪”

凭借扎实的技术和过硬的作风，吴强带领的试验团队，常年征战在外场试验阵地，已成为航天领域外场试验测量行业的标杆。在一次外场试验中，由于型号故障，吴强和同事紧急对其进行排查。当时有人为了赶时间，说差不多就行了。吴强听到后，立刻“怼”了回去，他大声质问：“什么叫差不多就行了？别人我不管，但我负责的工作，必须要做到百分之百，甚至百分之一万！”就在这时，恰巧所在发射基地的部队司令员听到了，便立即组织队伍，排成一排，称赞吴强的专业精神并命令现场官兵集体向吴强同志敬礼！

吴强（右二）和团队在文昌卫星发射中心合影

多年来，吴强承担了130余次大型重点动态环境参数测量任务，关键数据一次获取率100%；他攻克了50余项技术难关，突破了高动态条件下位移非接触式测量、裂纹的定位测量、高温高速高燃气流下测量系统防护等多项关键技术，位居行业领先水平。凭借严慎细实的工作作风和特别能战斗的精神，吴强先后获得了中国航天科技集团公司劳动模范、航天技术能手等一系列荣誉称号，特别是在2018年，他还获得了北京市政府技师特殊津贴，这也是702所职工首次获得此项殊荣。

吴强常对新老同事这样说：“航天是能够撑起中华民族脊梁的产业，航天试验的特殊性决定了每次测试都要以高度的责任感和使命感，用踏实、细致的工作态度去‘捕捉’每一个数据，确保试验万无一失。作为14亿中国人中的幸运儿，我能够从事这份崇高的事业，是何等的光荣与自豪。”

（一院702所　许诺/一院新闻中心　王涑）

为“航天快车”打造强劲动力

2015年9月25日9时41分，我国长征系列运载火箭家族第一型固体运载火箭、我国新一代运载火箭中唯一一型固体火箭——长征十一号在酒泉卫星发射中心成功首飞，将4颗小卫星送入太空。四院研制的四级固体发动机应用于该型火箭的主动力系统，使我国固体动力技术在宇航发射领域取得了新突破。至此，几代四院人的固体运载梦想变成了现实。八年磨一箭，终得型号首飞成功。然而成功的背后，却是四院研制团队默默付出的巨大努力。

为快速突破关键技术，型号两总和设计师们一起加班加点，反复计算论证。他们深入一线，钻进燃烧室壳体内，忍着刺鼻的药味，与工人师傅一起进行操作，共同探讨相关问题的解决措施。

张士林，一位在航天科研管理岗位默默奋斗了一辈子的航天老将，临危

长征十一号运载火箭转运

四院参试队员

受命担任该型号发动机总指挥。长征十一号火箭发射成功时，他即将退休，但这个型号必将为他职业生涯高峰划上最美的句号。

从 2005 年开始，王健儒就埋首于固体运载动力技术的立项论证和研究工作，他带领团队先后解决了多项关键技术，完成了我国首台大推力固体发动机的设计、技术攻关和试验验证工作，有力推动了该型运载火箭的国家立项。而担任发动机总师的王健儒在攻关期间头发明显熬白了许多。37 岁的他已经是总装航天运载技术专业组专家，41 所首席专家，但每一次质量复查会他都参加，夜里两点开会都很经常，质量、调度连续三四个会后，白天还要到厂房查看产品。每一份报告他都亲自把关，对于交付的产品，他如同在鸡蛋里挑骨头般苛刻，提出的几个建议都得到了总体的采纳。

四级发动机总体设计师赵东民，干起活来比年轻人还拼。从去年年底开始，他没日没夜地做方案、计算分析，进入了“疯狂加班模式”，有时候直接在办公室通宵伏案计算一夜。“赵师傅一直有些不舒服，不能过度劳累，可每次任务一来他就什么都不顾了。这次住院，还是他硬扛了几天，实在受不了才住进去。”提到他的故事，发动机研制团队的年轻人都敬佩地“点赞不停”。住院期间，听说发动机交付时出现了问题，躺在病床上的赵东民心急如焚，一个个电话不停地打到现场询问、沟通，最后还是没忍住，拔下针就急急忙忙开车赶回厂房。事后他说，这是他负责的东西，还是自己最清楚、最熟悉，出了问题得亲自解决才安心。

“刚参加工作就有幸接触这个大型号，我和型号一起成长，一起收获。”年轻设计师张卓勋为深入掌握工艺知识，坚持到装药厂生产一线学习、跟产达 3 个月。为了产品验收，他硬是将婚礼推迟了近半年。刚办完婚礼，在老家没待两天，他又马不停蹄回到单位投入工作。在他最忙的时期，难以好好照顾怀孕的妻子，又踏上了去靶场的路。

壳体最长、喷管最大、进度最紧、柔性接头超大，面对“三最一超”的困难和挑战，研制团队大胆创新，首次采用车、铣、镗复合加工模式，使无超深地坑难题得到有效解决。第一次采用 100 吨旋压机进行立式旋压，实现了大型超长圆筒旋压的新突破。柔性接头采取数控加工，实现了超大法兰、增强件的数控成型。

该型号生产准备时间、生产周期创下了新纪录，要满足装药总装要求，团队配备了必要的装备。清理组的员工戏称这个“大家伙”是个时光机，“灰里来，砂里去”地清理废砂，进去时“青丝髯髯”，出来后已是“白发鬓鬓”。

在对发动机头尾进行喷砂时，操作人员需要多次进入壳体内部。在那燥热和充满粉尘的空间内，操作人员每拧一次螺栓都会大汗淋漓，汗水混着粉尘，最后都变成了一个个“泥人”。

喷砂结束后的清理工作更是一项大工程，他们手持压缩空气管进入壳体内，粉尘四溢，一场“龙卷风”吹得伸手不见五指。“龙卷风”过后，大家还要用溶剂为这个“巨无霸”洗个澡，干干净净地才能转运下工序。“只要把活儿干漂亮，再脏再累我们也觉得是种享受。”操作人员李波说。

在开展发动机燃烧室保温试验时，该型号发动机的尺寸特别大、质量特别大、保温时间特别长，发动机吊装转运的安全问题特别引人关注。保温组全体人员“倾巢”出动，精心计划，密切配合，将这位“贵宾”安安全全请进“家”。

为确保试验进度，参加试验的职工们夜以继日地工作，用最短的时间完成了十分艰巨的试验台体延长架拆卸和大推力发动机试车架的安装、调试任务。

在发动机转入地面试验试车台安装期间，时值冬季，为保证发动机某些特殊的零部件能正常工作，大型号发动机就得有大型号的“外衣”来取暖。为了给这位贵客穿上暖和的“外衣”，保温组的全体同志一起忙前忙后，为该发动机支好了保温帐篷，还为其加急定做了配套的台体保温系统。

2015 年 8 月，产品进入飞行试验基地，为此，试验队员放弃了太多，毅然投身到最关键的任务中。

“七仙女”是试验队对团队中女性群体的称呼，她们都上有老下有小。有的孩子刚上小学，丈夫作为生产调度也是经常出差在外；有的孩子今年考上大学，早都约好了一起去送，最后只能让家人一个人去送；有的则是丈夫生病住院，特别需要人照顾的时候，义无反顾含泪出发；有的忍着脚伤也要上“前线”。

贾艳秋，见证了这个型号从“0”起步一直到首飞成功。在这几年中，她有了自己的女儿。“长十一火箭就像我的孩子，我也像爱孩子一样爱着‘长十一’，呵护着‘长十一’。”贾艳秋哽咽着说，“在基地期间，最害怕接到孩子电话，最害怕听到孩子在那头催问着妈妈何时回来。”

杨文德，作为试验队的司机，承担着大量的车辆运输任务。不管是运送产品，还是从 300 千米外的车站接人，他都不厌其烦，任劳任怨，工作期间随时待命。今年已经 46 岁的他中年得子，怀孕的妻子在远方，也无法尽心照料。作为职业司机的他，整整 40 多天，只有在庆功宴上才喝了一口酒。

苏建河，寻找残骸组的成员。在飞行成功的时刻，他们没能目睹自己的产品成功飞天，早早到预定的海拔 3900 米的地区守候着。

前方发射场的队员们辛苦，在家的设计师们同样“压力山大”。贺向东、魏坤龙两个年轻小伙儿每天守在办公室，前方传过来的任务都特别急、特别紧，很多时候出问题的地方并不是他们负责的东西，他们就马不停蹄地查阅资料、请教专家、重建模型。最紧张的时候，一两天内一口气画完几百万个网格，及时把最准确的方案反馈给前方。

飞行成功后,中央及地方媒体的大力宣传是对全体参研人员最好的褒奖，而院内职工在微信中的点赞和转发，则表达了四院人对固体动力技术发展的喜悦和自豪。

首飞成功，来之不易，时任院党委书记张康助说，型号两总及全体参研参试人员直面压力、不负重托，以严慎细实的工作作风圆满完成各项任务，他们所表现出的团结一心、攻坚克难、勇于创新、奋发图强的担当精神将与“长十一”一起载入四院史册。

固体动力技术发展，任重而道远，院长田维平说，面对未来更加激烈的太空竞争以及国家安全和空间安全的需要，固体动力应用到运载火箭上将有更大的发展空间，四院将紧扣航天运载发展需求，大力发展我国快速进入空间的小型固体运载火箭及深空探测大型固体助推火箭，不断拓展固体动力技术发展领域，为提高我国固体火箭的发展水平、为实现航天强国梦想作出更大贡献。

（四院　荣元昭）

一把焊枪绘出青春匠心

在五院529厂焊接车间里，有这样一位能工巧匠：他是“张铁民大师工作室”的青年核心骨干成员，集“全国青年岗位能手”“全国技术能手”“航天技能大奖”等多项荣誉于一身；别看未及而立之年，却主导负责了神舟飞船、天宫空间实验室、天舟货运飞船、嫦娥探测器等20多个大型密封舱体金属结构的焊接任务，圆满完成了2000多米焊缝的焊接工作；接手多个航天型号产品近12个年头，用一把焊枪在金属平台上“挥毫泼墨”，描绘出一道道美丽的弧光——他就是郑兴，一名领跑星船舱体焊接技能的青年焊工。

“美丽”的遇见

从小对外太空、星船模型感兴趣的郑兴，如愿在生命中最青春的岁月遇见了航天。2014年秋，我国空间站节点舱正式进入产品的最后焊接阶段，郑兴所在的团队一共5个人，平均年龄29岁，受命为该舱体的顺利生产站好最后一班岗。舱体从装配到焊接完成需要整整48小时，必须两天两夜不

郑兴在进行焊前准备

眠不休。这是郑兴第一次作为焊接主岗操作。钳工人员进行装配时，他就在一旁调试焊机，将一片片试验件堆砌起来。正式焊接开始了，其他队友干完自己的班轮换着去休息，他却依然干劲十足，戴着面罩、弯着身躯，趴在舱体表面继续“雕琢”手中的“作品”。后半夜悄无声息地来临了，车间内一片寂静，只见郑兴趴着的地方火花四溅，还有陪伴在左右的队友。舱体焊接对装配精度要求极高，看着一旁早已疲惫不堪的队友，为了让大家打起精神来，郑兴把说话的嗓门提高了几分：“螺钉装配时拧紧一些”“工装别反了”“小心产品有划伤”“登高时检查一下安全带”……

两天两夜，当大家齐心协力完成所有焊缝时，迎接郑兴的，是队友们端上的一碗热腾腾的泡面，和一张张充满钦佩、关切的笑脸。

“有难题，找郑兴”

在重大型号任务的实践淬炼下，郑兴逐步成长为技艺精湛的青年顶梁柱。“有难题，找郑兴”，成为大家在遇到难题时的口头禅。2015 年夏，529 厂承担了载人飞船的舱体焊接任务，近 95% 的焊缝都要手工完成，焊缝局部的缺陷难以避免，只能后续手工补焊。由于产品的材料特点和季节因素，为保证舱体的补焊质量，实际焊接时需要在干燥高温的环境下进行，整个舱体被放到大烘箱里加热到 100 摄氏度，恒温保持 3 小时对舱体除湿，然后立即进行焊接。从打开烘箱的大门进入高温环境到焊接完成离开合上箱门，需要不到 5 分钟时间，这让车间的焊工们不禁心里敲起了小鼓。

正在大家迟疑之际，只见一个身材并不高大的“小胖子”一手拿着焊枪，

郑兴在进行焊接试验

一手抓着焊丝，眼神坚定地钻了进去，头也不回地说了一声：“把门合上！”大家这才反应过来：“郑兴进去了！”

短短的5分钟，竟显得如此漫长。终于，郑兴从舱里出来了，放下焊枪，摘下手套，脱去防热服，身上的汗水流淌了一地，胳膊上还多出一道伤痕。“没事，不打紧。”面对大家心疼的目光，郑兴轻描淡写地说。

勇敢的担当

2016年春，在某最新型号航天器研制任务中，集高强度、耐腐蚀、良好的超塑性和低温强度等优势于一身的一种新型材料应运而生。但是在几十次的焊接试验中，却始终存在着焊缝内部有气孔缺陷、焊后变形大、一次焊接合格率低等工艺难点，无法达到技术应用指标。正当大家愁眉不展时，郑兴又一次站了出来。

查阅新型材料合成元素，请教专业人士，进行大量实验对比，摸索试件焊接参数……这成了他每天的必修课。他焊过的试验板材都可以搭起一栋房屋，但面对棘手的难题，郑兴从来没有想过放弃。

经过冷静的分析和思考，他将目光锁定在这种新型铝合金材料的熔池流动性特点，找到问题的根源后“对症下药”，大胆提出对焊接工艺参数进行重组，获得了满足要求的焊缝内部质量。最终，这种新型铝合金材料焊接工艺成功应用于该型号航天器舱体的焊接中，一次合格率达到100%，为该材料在其他重大型号舱体的大规模应用打下了坚实基础。

如今，“工匠精神”已经成为大家耳熟能详的热词。郑兴认为，工人和工匠之间虽然只有一字之差，却有着天壤之别——工匠代表的是一种对工作精益求精、一丝不苟的精神与态度。“既然从事了航天工作，就必须对手中的产品负责，对国家的航天事业负责，永远不能有‘差不多’的想法。其实，在平凡的岗位上努力做出不平凡的成绩，一样可以实现‘重于泰山’的人生价值。”

（五院　杨波）

努力奔跑的追梦人

这是一次紧急攻关：1000 多根电缆，8000 多个分支，从测试平台上一根一根轻轻拆下来，再一根一根小心地安装到电性舱上，然后一根一根地进行导通测试。这样的工作量，正常的话三个月的工期都显得很紧张，可是这个团队只用了两个月的时间，一次性零失误地完成了这项看似不可能完成的任务。这一场完美的“大会战”让很多人对这个团队竖起了大拇指。这个团队就是航天五院总装与环境工程部天津空间站总装班组，班组中的大部分人都是 90 后，这是一支朝气蓬勃的队伍，他们承担着空间站几大舱体初、正样的总装任务。

作为我国迄今为止难度最大、工程组织实施最为复杂的工程，中国空间站正在紧锣密鼓地进行建设，预计在 2022 年左右建成，将成为长期有人照料的国家级太空实验室，中国人将在太空中拥有自己的“大本营”。

总装团队一个个年轻稚嫩的脸庞与中国空间站这一大国重器的地位似乎

航天五院总装与环境工程部天津空间站班组

显得格格不入，可就是这样一群年轻人用他们的实干担当、创新钻研、爱岗奉献证明了他们“特别能吃苦、特别能战斗、特别能攻关、特别能奉献”的实力。

“不管多难，干就是了”——以实干担当作答

“大道至简，实干为要。”作为我国迄今为止难度最大、工程组织实施最为复杂、技术要求最高的工程，空间站的总装工作对于这个年轻的团队来说是一个巨大的挑战。然而他们勇挑重担、脚踏实地、迎难而上、锲而不舍，是新时代当之无愧的奋斗者。

目前正在配合航天员进行维修验证试验的王瑞云是一个27岁的小伙子，他的主业是空间站班组库房主管，整个空间站所有的产品，小到螺丝钉、垫片，大到一个设备、舱段，只要上舱的东西都要经过库房。他的工作量用他自己的话说就是“不累不可能”。可是他不囿于此，抓紧时间跟老师傅、工艺人员、技术人员学习设备保管和总装的相关知识，现在只要经过他手的设备零件他都能记住，对于怎么保管这些“金贵”的设备他更是如数家珍。在型号总装的关键时刻，他又可以立刻转变角色，成为一名顶得上去的钳装一岗，奋斗在型号总装工作最前线。

“一人多岗是这里的一大特点。我们每个人都有这么一股子干劲。”陈佳浩也是一名90后，是正样核心舱节点舱电装主管，他和王瑞云一样，在工作中很快成长为一名多面手，除了自己岗位工作，还要负责吊车、其他舱段的电装工作等。“在工作忙碌的时候，大家一起努力加班加点也要把工作干完，稍有闲暇，大家就一起交流，相互学习，一起进步。我们没有别的想法，就想把工作干好。”

“路是走出来的，成功是干出来的。”这也是空间站总装班组副组长要瑞凯经常挂在嘴边的一句话。作为团队里的一名老大哥，他是最早一批从北京来到天津基地的，伴随着空间站的一点点成长，他现在已经能独当一面。他对待工作很是严格细致，“要么就不干，要干就要干好”是他对待工作的

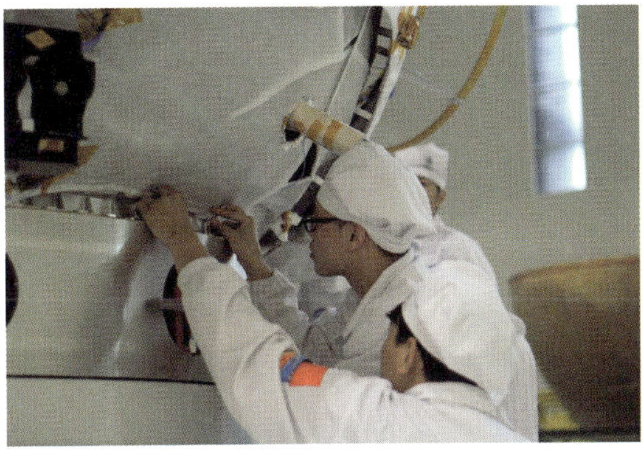

天津空间站班组技能人员正在进行节点舱总装操作

态度。闲不下来的他对于电性舱里的每一个细节都了如指掌，以至于有些演练验证的工作都不会请他帮忙，“因为他太熟悉舱体的构造了”。

在这群90后年轻人的眼中，“空间站没有他干不了的事”，“平时挺温和的，工作的时候要求特别严格”，工作中心存侥幸的情况在要瑞凯这里坚决不允许出现。他要求年轻员工大胆尝试，边干边思考。“年轻人在工作中难免出现问题，你放心吗？”记者问道。要瑞凯说：“说实话，不放心。但实践出真知，不让他们上手干，他们永远也成长不了。好在初（试）样中，组织也给了我们这个年轻团队足够的容忍度和耐心，大家为所犯的错误感到愧疚的同时，会去反思下次怎么去改进。”在这种氛围中很多年轻人在师傅们的带领下迅速成长起来。

“没想过出成果，就想把空间站干好”
——用创新钻研作答

因为是中国第一个空间站，总装团队面临着诸多新挑战，需要始终保持不断创新的心态和作风。作为第一批“吃螃蟹的人”，总装团队将创新融入工作中的点点滴滴，一步步钻研，一点点创新。

在问天初样工作舱外装电缆是个工夫活，因为需要在舱体螺钉孔安装电缆尼龙底座，固定电缆，再将螺钉拧紧，由于舱外防撞层太厚，打孔困难，老一辈人依靠经验用钉子找眼儿扎出洞，再用剪刀剪开，然后安装底座，很是耗时，尤其是问天工作舱需要安装几百上千个底座，依照老办法在节点前无法完成。24 岁的朱志鹏是问天初样工作舱电装主管，他凭着一股子韧劲儿，仔细钻研，最终想出利用舱体外面的辐射器固定电缆的好方法，省时又省力，得到了型号两总的高度认可。

被称为空间站“血脉”的电缆密布在舱体里，分类很多，绝对不允许混在一起。25 岁的马延成是正样核心舱小柱段电装主管，他就遇到有一次设计更改后，一些电缆把舱体空位占用，其它电缆不好走线的问题，他尝试了很多种方法，最终通过区分颜色和贴标签的方式解决了这个问题。他还通过巧用沙袋粘贴加热片的方法克服了圆弧形舱体加热片粘贴的困难。做了这么多，他却说：“没想过出成果，就想把空间站干好。”

“能为空间站奋斗是我的幸运”——用爱岗奉献作答

“我特别骄傲，因为这不只是一份工作，更是一份热情。”阮居林是问天初样工作舱钳装主管，1993 年的出生他身高 1.8 米，体重却只有 130 多斤。由于舱体里空间狭小，工作的时候只能容纳一个人进去，他站在角隔里，人本来就不舒服，还要拿着六七公斤的扳手工作，再加上力矩很大，工作的时候要小心翼翼不能碰到旁边的管路，每次干完活从舱里出来都是一身汗。他的工作很是辛苦，但是他说：“自己能与空间站这个大国重器相遇，这是何其的幸运，哪有不为它拼的道理。”

28 岁的高兴是正样核心舱节点舱钳装主管，他说，或许有人会问，这么大的工程交给我们这帮“小孩”，能成功吗？可是看看我们的态度就知道了。前些天晚上 10 点需要加班，那时班组全部 12 个人都去了，干到晚上 12 点多，第二天正常上班。尽管有时候加班多了大家会有怨言，但是上班就跟打了鸡血似的，全身心投入工作，每个人都放不下，这就是热爱。

作为班组长的要瑞凯始终要求组员“心中要有一把尺子”。他常说，责任大于一切，质量大于一切，要以万无一失的要求做好每一项操作，“在年轻的时候，能够参与到空间站这样的任务中，是一种幸运，等我老了，我可以骄傲地告诉我的孩子，中国的第一代空间站是从我们手上诞生的。”

王瑞云的一句话也说出了这个团队的心声：“型号在我们手上，责任在我们心里，国家将这么大一个型号交给我们，我们怎么能不全力以赴，必须不辱使命。”

（五院　邵素芝）

痴情一片为嫦娥 英雄本色泽九州

孙泽洲出生于辽宁沈阳，天生就带着东北汉子热辣辣的血性——热爱挑战，永不言败。1992 年，青春正盛的他怀着满腔的爱国热情和对航天事业无比的热爱，走进了航天五院的大门，开启了自己的航天报国人生。

孙泽洲与“嫦娥”真正结缘始于 2001 年。那一年，嫦娥进入了为期三年的可行性论证阶段，当时孙泽洲正值“而立之年”。此后 15 年间，他将满腔热血倾情注入以“嫦娥”为代表的我国深空探测事业。“嫦娥工程”听上去是一个多么美丽而诗意的名字，然而，研制工作却云山雾罩，困难重重，资料不多、经验不足、进度紧张，几乎可以说是“白手起家”。约 38 万千米的地月距离，将导致星地无线信号衰减，这对当时的星载测控分系统来说是相当大的挑战。然而负责星载测控的孙泽洲并没有被吓退，他知道，无限风光在险峰，越是不好走的路，他就越想去走一走。背负着领导的信任和大家的期望，孙泽洲不分昼夜地与数据和资料打交道，与专家沟通，并积极转

孙泽洲总师在技术交流会上发言

变思路进行系统优化，最终啃下了这块硬骨头，创造性地设计了我国首个深空探测测控数传星载系统，解决了月球探测卫星 38 万千米的远距离地月测控通信的设计难题。

由于高超的技术水平和出色的协调能力，2004 年，孙泽洲被任命为嫦娥一号卫星副总设计师。与以前负责的工作全然不同，副总师岗位要把握总体需求，要求对各个专业的知识都有所掌握，专业跨度非常大。为此，孙泽洲阅读了大量书籍，向相关专家请教，很快就把“课”补到专业水准。随着一个个技术难点被突破，孙泽洲对“嫦娥”也有了更为系统和全面的了解。而这些“摸爬滚打”为他日后承担深空探测更重要的角色打下了良好基础。

中国探月的时间指针滑向 2008 年，年仅 38 岁的孙泽洲被任命为嫦娥三号探测器系统总设计师，5 年多的时间里，他率领团队在创新的道路上扎实地前行着，一一攻克“安全着陆”“可靠分离”“月面工作”“月夜生存”等道道关卡，实现了嫦娥三号“出得去”“刹得住”“控得精”“落得准”“走得稳”，用一项项自主创新铺就了一条完美的踏月之路！

当中国火星探测任务和嫦娥四号探测器任务分别正式立项，孙泽洲被任命为两大探测器的“双料”总设计师，开始了一边飞“月球”，一边奔“火星”。虽然有“嫦娥三号”的技术基础，但是“嫦娥四号”在新研设备、月背着陆等方面还存在诸多设计难度和风险。首先遇到的关键性难题，就是如何实现月背和地面的通信。这一次，放眼世界都没有成熟的经验可供借鉴。孙泽洲鼓励大家“这个成熟经验注定要我们来给！”他带领团队沉下心来，

孙泽洲总师与“嫦娥三号”合影

孙泽洲总师在五院“嫦娥四号”凯旋庆祝仪式上

扎进论证工作，不仅理顺了思路，还对近地中继、环月中继、地月拉格朗日 L2 点中继等多个方案进行系统分析、论证，最终确定新研和发射一颗中继卫星，在地月拉格朗日 L2 点为月球背面的着陆器和巡视器与地球之间搭建一条通信的纽带。这颗中继卫星被命名为“鹊桥”。接着，孙泽洲完成了嫦娥四号中继系统总体方案设计，提出中继转发体制与系统工作模式，使我国月球探测走到了世界前列。

2018 年 12 月 8 日凌晨 2 时 23 分，嫦娥四号探测器发射任务圆满成功。2019 年 1 月 3 日 10 时 26 分，嫦娥四号探测器成功着陆在月球背面预选着陆区，并通过“鹊桥”中继星传回了世界第一张近距离拍摄的月背影像图，揭开了古老月背的神秘面纱。此次任务实现了人类探测器首次月背软着陆、首次月背与地球的中继通信，开启了人类月球探测新篇章。

孙泽洲没有时间享受“嫦娥四号”圆满成功的喜悦，又投入到中国“探火”紧锣密鼓的研制工作中。地球距离月球 38 万千米，而距离火星约 4 亿千米，孙泽洲带着团队发挥首创精神继续前进。

人生因奋斗而精彩，使命因艰巨而光荣。在过去二十几个春秋，孙泽洲将自己的青春与祖国的事业紧紧相连，个人的光荣和梦想与星辰深空紧紧相依，用不断创新的精神绘就了中国深空探测领域一幅幅壮丽的画卷，书写着矢志航天报国、建设航天强国的青春华章。

（五院总体部　张兰兰 庞丹）

胸怀天地冷暖 纵横无限空间

在航天科技集团五院总体部，有这样一个团队，他们致力于为航天器设计、裁剪并制作合体的“冷暖衣”，确保航天员和飞行器上所有设备温度适宜、运行良好。这个团队就是“苗建印创新团队”。作为世界上最早从事热管技术研究的“老牌劲旅”，团队近半个世纪以来，从成功研制出我国第一根宇航级热管，开创热控技术历史新纪元，到开发出4项全球首创、6项国际领先的热控产品，创造出一个又一个“第一”，不断刷新着新技术、新产品“最优榜”，绘就出一幅气势磅礴的创新画卷……

“没有解决不了的难题”

“嫦娥三号”成功落月，“玉兔”信步虹湾。谁能想到，这一辉煌时刻曾给苗建印创新团队带来前所未有的挑战。

2007年，团队接到一个高难度任务——在美国和苏联方案之外，另辟

苗建印创新团队风采

苗建印为团队授课现场

蹊径，确保“嫦娥三号”平安度过月面 120 摄氏度“熔炉”和零下 180 摄氏度的极寒考验。作为我国首个降落在地外天体的探测器，“嫦娥三号”不仅要应对太空中的高低温环境，还要耐受月面赋予的每轮至少 14 天的多次、持续冰火“折磨”。此外，月球重力是地球的六分之一，这样的力学环境目前无法进行模拟试验……诸多前所未有的难关横在团队面前。

“没有解决不了的难题！”在苗建印的带领下，团队成员一头扎进了艰难的攻关中，仅用短短 8 个月时间，就提出了两相流体回路方案，并完成了原理性验证。“这套两相流体回路系统能够高效实现探测器内所有设备的温度控制，解决在长达 14 天的月夜无电源供给情况下仪器的温控难题。”苗建印说。

这一技术从未在国内外任何一个航天器上使用过。为了早日拿出成熟产品，团队马不停蹄地作战。调研、讨论、分析、试验，大家一起吃盒饭，一起半夜回家，直到难题被一个个攻克，想法被一个个验证，措施被一个个落实。最终这项全球首创的“中国智造”，成就了“嫦娥三号”落月、巡月的完美之旅；在基础理论方面，超前掌握了美国拟在 2030 年前重点突破的学科难题之一。

“外国人不敢接的任务让我们来”

苗建印创新团队成员曾笑称，“自己常常‘把别人急疯’，再‘把自己逼疯’”。在世界性难题面前，他们不给自己留退路，而是以倒逼的方式和破釜沉舟的勇气不断创造奇迹。

美国东部时间2011年5月16日，美国奋进号航天飞机助推“阿尔法磁谱仪2（AMS-02）”飞向太空，开启人类探索宇宙起源的漫漫征途，世界为之轰动的同时，又有谁知道它曾让诺贝尔奖得主丁肇中教授头痛不已。

“磁谱仪项目是我40多年里遇到的难度最大的实验，甚至比当初为我带来诺贝尔奖的实验还要困难得多。”为了早日完成项目，丁肇中遍寻欧美找关键热控产品研制单位，然而，无一应战。

“外国人能干的我们也能干，外国人不敢接的任务让我们来。”正当丁肇中山穷水尽时，苗建印创新团队挺身而出，接下了这个世界级难题。

这一貌似“疯狂”举动背后，实则有着清醒的认识和扎实的功底作支撑。“要突破储液器的关键技术，重点解决三大难题：材料、控温和毛细结构设计。”苗建印说。而空间微重力环境，二氧化碳的超临界特性、低表面张力特性又使这一全新构想变得异常复杂。为了尽快攻克难关，他们头脑风暴，面对极特殊的材料需求，专门跑到相关研究院所，从冶炼开始参与。面对苛刻的验证条件，他们用几十箱酒精代替二氧化碳试验，最终获得与实际完全吻合的试验数据；面对超复杂工艺，他们在丝网结构上手工点了几千个点，一个力度掌握不好就得重来，练出了金牌好师傅……

当试验圆满成功，完美的控温效果赢得了丁肇中教授的盛赞，也让国内外同行心服口服。

“这里才有我的舞台”

“成绩面前甘为幕后，名利面前安之若素。”坚守专业、淡泊名利的品质是团队代代相传的好作风。

老组长侯增祺曾在组长位置上一干就是27年，并在预研的“幕后”岗位上一干就是一辈子；退休老专家文耀普，在福利分房面前主动退出，将室主任职位主动让给年轻人，甚至将研究员职称名额也主动让了出来；苗建印也一样，始终痴迷技术，在基础研究和产品研制第一线一干就是 16 年，并且两次主动让贤，将年轻同志推到行政岗位上锻炼……这样的事迹，在团队里还有很多，面对荣耀，他们不计较；面对技术难题，他们耐得住寂寞。

“星船冷暖我作主，广袤天际展宏图”，面对崭新的未来，“苗建印创新团队”将继续秉持专业报国的信念，始终坚持自强不息的精神，不断开创热控技术的新辉煌。

（五院总体部　庞丹 潘晨）

陈飞：十年磨剑 放飞青春梦想

陈飞，男，1984年5月出生，中共党员，本科学历，高级技师，于2006年7月加入航天科技集团七院7111厂，成为一名普通的数控铣床操作工，多年来承担着工厂多种型号产品零件的加工任务。

入厂以来，陈飞在2016年中国航天科技集团公司二类职业技能竞赛——七院职业技能竞赛中荣获加工中心操作工组一等奖，被授予“四川航天技能大奖”称号；获得四川航天十大杰出青年称号，当选成都市“首席技师工作室”负责人、“温江工匠”，入选“院首批英才工程”，曾两次获七院“青年质量放心岗”、两次获厂级“学习型党员”等荣誉。

青春在学习中收获快乐

和其他同龄人一样，在刚参加工作时的那股激情冷却后，陈飞也有过彷徨、有过迷茫、有过怯懦，也想过退缩……一番天人之争后，他坚定了自己的青春选择——扎根航天，为航天事业的发展添砖加瓦。凭着一腔青春热血，凭着一股钻研劲头，白天在车间苦练实操，晚上挑灯夜读，陈飞如饥似渴地“充电”，飞快地提升自己的能力。很快，他就在自己平凡的岗位上脱颖而出。

“其实，陈飞一个最大的特点就是喜欢观察、勤于思考和善于总结，这也是他能在这么多年轻人中脱颖而出的原因之一。”车间领导在介绍他的事迹时候如是说道。一次，某型号产品的某零件结构复杂，如按以往的加工工艺方法来进行加工，需要将几个零散的零件焊接在一起，然后进行整体加工；这种加工方法存在着焊接点容易变形产生错位而导致产品合格率低、废品率高的问题，严重影响产品的进度和质量，同时极大地增加了产品的成本。为解决这一问题，工厂提出了从毛坯一次成型的解决方案。方案的具体实施任务落到了陈飞的头上。“我当时压力特别大，但是只能前进，没有退路。”陈飞回忆说。接到任务后，他没有诉苦，而是仔细研究产品设计图纸、吃透工艺方案，熟悉产品的材料性能，同时积极与同事进行交流，寻找各种解决之道。经历几次失败的尝试后，他终于找到了实现产品一次成型的关键，成型后的产品各项技术参数完全符合工艺文件要求。

俗话说：“业精于勤荒于嬉。”学习不但让他收获了工作上的快乐，还给他的双脚加足了马力，让他跑起来自信又轻松。

青春在工作中绽放光彩

“遇事不慌不忙，沉着冷静，执行力强。”陈飞在领导和同事中赢得了良好的口碑。工作 10 余年来，握着“喜欢观察、思考、总结”这三大法宝，他取得了长足进步。当他还是学徒工的时候，就经常在车间到处“晃悠”，观察师傅们的加工方法和步骤并铭记于心，与此同时也还在思量，如果换做是自己会怎么做，还有就是这种方法在其他的地方能不能用得上等。在“晃悠”的过程中，他也经常把自己加工过程中遇到的各种问题提出来和师傅们积极交流，吸取师傅们的宝贵经验。当他独自承担型号加工任务后，在加工之前进行技术攻关，常常能另辟蹊径，改善加工方式方法，取得了良好的效果，提升了多种型号产品关重件的质量和生产效率。

调试机床参数，加工某型号骨架

陈飞学习掌握新技术

某型号骨架为薄壁非金属零件，加工时存在易崩裂、易起层、易变形“三易”问题。加工时又不能用冷却液，因此该产品的合格率低，报废率一直居高不下。当这个任务重、时间节点紧的急活交到陈飞手中时，他没有急着上机床进行加工，而是仔细阅读零件加工的技术要求，查阅资料，积极寻找新的加工方法。凭着扎实深厚的理论功底以及出色的动手能力，他自制工装、改良加工刀具、重新设置零件对刀点、减少零件的装夹次数。就是这些小小的改良，使得产品的生产效率提高了 40% 以上，合格率也从原来的 50% 提高到现在的 90%。

海尔集团总裁张瑞敏有一句话说得好：“把每一件简单的事做好就是不简单，把每一件平凡的事做好就是不平凡。”陈飞承担的工作虽然都很平常，可他却用满腔的热情把工作干得很漂亮，这就是不简单、不平凡。

青春在拼搏中闪耀光芒

“一天不学习，就跟不上时代的潮流；一天不工作，就感觉在虚度光阴。”现在工厂引进了不少新的设备，很多都是从国外采购的先进装备，不努力学习都跟不上设备的更新换代了。这种紧迫感使得陈飞一刻都不敢也不曾放弃过学习。

“勤奋好学、技术过硬”，这是师傅给他的评价。机会总是留给有准备的人。那一年，集团公司举办首届高级技能人才培训班，由于表现突出，当时只是大专毕业的陈飞有幸被工厂推荐去参加学习。利用这个难得的机会，通过自己的努力，他取得了本科文凭。知识的积累让他在工作上更加得心应手、游刃有余。无论在集团公司、在院里、还是在厂里，他获得的各种荣誉不知凡几。如今，他又被破格评上了高级技师，站在新的高度、新的起点上，陈飞将继续展翅飞翔。

（七院 7111 厂　曹庆艳）

铸造新神箭 壮志搏苍穹

2015 年 9 月 20 日，长征六号运载火箭圆满完成我国新一代运载火箭首飞，成功将 20 颗卫星送入预定轨道，创造了一箭多星发射的亚洲纪录。平均年龄只有 34.5 岁的研制团队，历时七年攻关，以首发必成的坚定信念和敢为人先的首创精神，成功突破 12 项重大关键技术，采用全新的总体方案，全新的结构形式、全新的动力系统和全新的电气系统，在国际上首次成功应用液氧煤油发动机氧箱自生增压技术和高温高压富氧燃气滚控技术，成功突破“三平”测发、组合导航、迭代制导等一系列关键技术，火箭发射可靠性达到国际先进水平，创造了我国运载火箭应用的新纪元。“长征六号”的研制和发射成功，不但提高了我国空间进入能力，缩小了与世界先进国家差距，还实现了我国在大推力、高可靠性、高适应性、低成本、无毒无污染运载火箭领域关键技术的跨越式发展，对我国运载火箭后续发展具有里程碑意义。

在“一张白纸”上勾画蓝图

2008 年注定会成为“长征六号”团队集体铭记的一年，经过几年的不懈努力，八院终于获得了总装和集团的认可，开始了长征六号运载火箭的立项研制。大总体要求半年内完成立项，但运载能力、测发模式等技术指标相当苛刻，按时立项面临极大挑战。805 所组织了型号研制队伍，在周遇仁副总师的带领下开始立项前的论证工作。

万事开头难，在这支新组建的团队中，大部分成员都没有型号的研制经验。而长征六号运载火箭上需要采用诸多新技术，对于这些年轻人来说，任务更加紧迫艰巨。在一轮又一轮的论证中，周遇仁大胆创新，凭借自己扎实全面的技术功底，带领团队成员攻克了一个又一个难题：运载能力提升优化方向、国内第一个二三级合一辅助动力系统、国内新概念的整体运输起竖车、国内首个大温差夹层共底方案。一个个技术方案得以形成。

新状态的研制容不得半点疏忽

长征六号运载火箭的顺利立项，给大家注入了新的动力，但要把方案转化成工程实物，难度极大。一系列的新技术、新材料、新工艺在“长征六号”上得以应用。自生增压及电气系统一体化、总线化和集成化就是其重要组成部分。

立项之初，氧箱增压问题一直是一个技术难点。出于技术成熟性考虑，部分专家建议采用氦气加温增压方案，而动力系统主任设计师张亮则倾向于采用更具创新性、技术性和经济性的自生增压方案，这样就可以为火箭减少12个单独的增压气瓶以及一整套冗余增压系统，可以大大优化火箭总体方案并减少质量隐患。但是该方案在国内外都未曾有过应用先例，一开始就受到了专家质疑。

面对诸多困难质疑，张亮不但没有动摇，反而充满动力，带领团队从每一个细节、每一个风险点对系统方案进行深入的论证和攻关。通过详细分析

长征六号运载火箭发射

杂质气体对增压输送系统的影响，提出了消除影响的具体措施，并对消除措施的有效性进行一系列试验验证。两年，张亮带领团队深挖细抠，对所有的疑问进行了理论分析和试验验证，终于在 2010 年 10 月，由集团专家和型号两总等组成的专家评审组验证，认为自生增压技术方案论证翔实、充分，一致同意“长征六号”采用自生增压方案。

在长征六号运载火箭电气系统研制之初，负责电气系统的副总师丁秀峰就明确提出了要将技术先进性、高可靠性、低成本的设计理念放在首位，并贯穿于型号研制中。在丁秀峰的带领下，双捷联冗余、组合导航、迭代制导、燃气滚控下的全方位发射、1553B 总线（数字式时分制指令 / 响应型多路传输数据总线）、图像测量、天基测控等一系列在八院运载火箭上还未进入工程应用的技术均在长征六号运载火箭研制中进入工程实践，实现了运载火箭电气系统技术的升级换代。

2012 年 7 月，在一子级的热试车出厂测试中，发现氧箱内的传感器螺钉上按照生产厂家的要求点了红漆，这是这种类型的传感器第一次用于低温氧箱，如果油漆脱落，会不会产生多余物？会不会对发动机工作造成影响？一边是进度的要求，一边是可能存在的隐患。丁秀峰马上召集相关系统的人进行专题讨论分析，自己也查找了大量的相关资料。最终，通过三天通宵达旦的工作，在确保进度的前提下消除了存在的隐患。

长征六号运载火箭出厂

长征六号运载火箭团队

刻骨铭心的 15 个月

如果说在一个型号的研制中，总有一些事情会让人刻骨铭心，那么，“长征六号”二级泡沫夹层共底贮箱的研制一定会位居榜首。因为从问题的发现，到最后的攻克，团队成员整整花了 15 个月，负责归零领导工作的李程刚副总师全程驻守一线，带领整个团队成员认真分析每一个可能导致产品故障的原因。大量的试验并行开展，小到每一项原材料的性能复验、每一条工艺改进措施的验证试验，大到每一个试验件的整箱低温试验……直到 2013 年 11 月，夹层共底低温打压试验通过全部工况的考核，全体试验人员一片欢呼，没有人能比“长征六号”结构研制团队的成员更了解这种喜悦。

对 805 所“长征六号”研制团队来说，从方案到初样，再到试样，在每个时间节点上都留下了踏实的脚印。一个又一个普通的航天人组成了“长征六号”强大的团队，在型号两总的带领下，攻克了一个又一个难关，为“长征六号”的腾飞注入了强大的动力。

（八院 805 所　胡芳芳）

20年打造航天器金牌“坐骑”

“悟空”“墨子”“实践十号”“高景一号”“张衡一号”……这些网红卫星背后都有同一个小伙伴的助力——长征二号丁运载火箭。这一箭从1992年首飞至今，已经成功发射46次，将100颗卫星送入预定轨道，成功率100%，被航天科技集团授予“金牌火箭”称号。长征二号丁总设计师洪刚，1998年加入上海航天团队，21年矢志不渝，一直奋战在长征二号丁研制最前线。他不忘初心、牢记使命、追求卓越、勇于创新，一直致力于将长征二号丁运载火箭打造成可靠性高、性价比高、适应性强、响应快的金牌火箭，实现了40余发火箭成功发射的佳绩。他带领团队参与新一代运载火箭动力系统关键技术攻关，取得了多项国防专利技术，为新一代运载火箭的立项和工程研制奠定了基础。

航天先锋最爱谈“传承”

8年前，时年35岁的洪刚被任命为长征二号丁运载火箭型号副总设计师，成为当时中国最年轻的运载火箭副总设计师之一。洪刚觉得自己很幸运，很自豪。刚工作就加入了长征二号丁的团队，在他看来，这就是一支梦之队，不仅战功卓绝，而且涌现出了一位院士、一位副院长、一位新型号总师兼总指挥……

“在中国航天界，‘长征二号丁’团队以创造奇迹著称。20世纪90年代初，我国火箭发射连遭失利，航天事业陷入困局。在这种情况下，‘长征二号丁’背水一战，连续三发三成，被喻为中国航天的三次‘龙抬头’。团队总结出型号研制精神，就一直传承了下来，这是我们奋斗的法宝。”谈到历史，洪刚依

洪刚在长征二号丁火箭箭体上检查工作

然激动，“我们研制团队的秘诀就是要让每一个人全力以赴发挥作用，形成合力，与火箭共同成长。当时团队总结出‘六严’文化：严格执行上级各项规定，严格按研制程序办事，严格技术要求，严格地面试验，严格落实行政技术两条指挥线的岗位责任制，严格全过程质量控制。20多年过去了，我们依然这么做。每一个‘严’都对应着大量的工作和试验，只有脚踏实地奋斗，才能确保运载火箭的每一次成功发射。”他从一名普通的技术员成长为火箭系统的总设计师，就是在这样的航天文化熏陶下成长起来的。尽管“长征二号丁”已是一型非常成熟的火箭，但每一次发射，洪刚都严阵以待，坐镇现场，从不缺席。“2018年年初，我们实现了60天内五战五捷，辗转酒泉、太原两地基地，很多队员一直奔波在外地。”他带领试验队把每一次发射都看作全新的开始，杜绝懈怠心理，始终保持清醒的头脑，每一次发射成功后都以饱满的激情和干劲投入到下一次发射任务中，不断续写长征二号丁火箭的新辉煌。

坚持创新，勇于“吃螃蟹”

虽然长征二号丁火箭是一个成熟型号，但不同于汽车、火车等运输工具，它的“乘客”卫星几乎各不相同，例如质量特性、接口、轨道等。针对不同卫星，运载火箭需要进行不同的设计。为了让火箭飞得稳、飞得准，提高可靠性，几乎每一次发射科研人员都要进行软件和硬件的更改。

在传承航天文化的过程中，“长征二号丁”团队坚持开展技术和管理创

洪刚为新员工授课

新。比如，曾经在国内率先采用动力调谐陀螺小平台代替气浮大平台，现在又应用双捷联冗余技术提高了火箭的可靠性。“长征二号丁”团队勇于充当第一个吃螃蟹者，很多新技术都是在长征二号丁火箭上实现首飞的，后续还有更值得期待的改进在推进中。说到底，每一步改进和创新，都是为了减小体积、降低重量、提高可靠性和适应能力，进而使我们的火箭更可靠、更高效。每一次创新不仅是提高可靠性的保障，更是不断挑战自我的过程。洪刚带领团队采用多种接口的多星发射技术，提高了火箭的适应能力，曾创下了 3 个月完成某微小卫星搭载的最短周期纪录；利用组合导航技术，控制和选配单机精度，使火箭入轨精度均达到百米量级，卫星入轨精度得到大幅提高，某项卫星组网工程任务实现了半长轴入轨偏差仅 50 米、入轨轨道倾角零偏差，大大提高了卫星组网的效能……

长征二号丁火箭从两年一发到一年八发的高密度发射，给团队带来新挑战。任务激增了，研制人员不增反减，各个都是精兵强将。为了有效应对高密度发射形势，运用流程优化，使火箭在发射场有效工作时间从两个月缩短到 23 天，再减至 19 天、15 天，是目前国内现役液体运载火箭在发射场测发周期最短的型号。同时，单发火箭研制周期从原先的 18 个月缩短到 15 个月。这些优化措施使得长征二号丁火箭高密度发射能力得到大幅增强，为后续运载火箭高密度发射积累了丰富经验。

（八院　叶薇）

风雨之后 方见彩虹

2019 年 4 月 23 日，在湖州一个郁郁葱葱的小山坳里，随着一声“点火”指令的下达，监控室里课题组负责人孙长宏研究员不由自主地挽住同事刘晓丽的胳膊，作为一名身经百战的女将，此刻心情也难免有一些紧张。作为此次比测项目的大考，成败在此一举。4 家参与比测的单位都是业内知名的研究院所，其中一家单位在 4 天前刚试车失利，更为此次点火试验增加了几分紧张的氛围。试车台上传来轰隆隆的火焰声，声音经过大小多次变化，检测屏幕上也出现了连贯规律的试验曲线，随着火焰声的逐渐减小，发动机现场比测试验取得圆满成功，多项国内第一在此诞生。孙长宏和同事们激动地从椅子上跳了起来，击掌相庆，高声欢呼。那一刻，积攒在团队成员心头数月已久的压力和疲惫都化作乌有；那一刻，一年多以来奋斗的青春和苦涩的芳华都化作了成功的喜悦和开心的泪水。

团队召开试验故障分析会

要想活下来，只能做第一

任正非在采访中说：“要想活下来，世界第二都不行，只能做到世界第一。”孙长宏团队也以此为奋斗目标，在四家参与比测的单位中，806所规模小、条件差，他们戏言是“所”和“院”的PK。在这场没有硝烟的PK中，想要与该领域的传统优势单位竞争，只有方案比别人做得更好、技术比别人更先进。要想活下来，就得做第一！本着这种冲劲，由精兵强将组成的孙长宏团队迎难而上，采用一系列先进技术，破釜沉舟，背水一战。回想起当初队员们集智攻关的样子，孙长宏感慨地说：“这一年多来，我们在任务中学习，在失败中积累，在艰苦中磨砺。”

哪里跌倒就从哪里爬起来

正当团队在攻关的路上一路凯歌的时候，他们却迎来了苦涩的失败。距离现场比测还有3个月，冷试试验不过关意味着必须要推翻前面的方案重头再来。按原状态已完成的3发发动机均不能满足试验要求，这对整个团队来说，无疑是个晴天霹雳。试验结束后，整个团队没有半点的推诿塞责、自怨自艾，经过短暂的痛定思痛后，他们快速从跌倒的地方爬起来，仔细查找薄弱环节，改进设计方案。

1月19日，春节前夕，数九寒冬，大雪纷飞。江南雪似湖笔泼墨山水，但整个团队没有一丝欣赏山中雪景的诗情雅兴，发动机试车台矗立在大山之

牛禄（左二）、孙长宏（右二）带领团队开展技术攻关

团队成员在冰天雪地里拉网式地寻找残骸

中，有一种“孤舟蓑笠翁，独钓寒江雪”的孤寂。随着一声“点火”开始，一级正常，大家松了一口气，二级发动机点火到10秒时，“砰”的一声巨响……

整个团队瞬间有一种崩溃的感觉。经过短暂的冷静，孙长宏默默拭去眼角的泪，带着团队从监控室走向试车台所在的山谷，所有人在冰天雪地里拉网式寻找发动机飞出的残骸，找到这些残骸对于分析故障原因至关重要。寒风吹在脸上如刀割一般，雪地、水沟和草丛树枝混合在一起，坑坑洼洼，天冷路滑，步履维艰。在这种环境下要找到所有的残骸如同大海捞针，经过三天地毯式反复寻找，终于找到了喷管。但对后续分析至关重要的一个部件喉衬，经过多次寻找，最终还是没有找到，留在了伴随着806所人奋斗了半个多世纪的大山中。

阳光总在风雨后

难道就这样退出这次比测？整个团队陷入了迷茫。此时距离春节只有不到一个月的时间，也就是说春节前必须做好所有发动机点火试验准备工作才能有资格参与这场竞逐。

牛禄副总研究师被誉为团队的“定海神针”，当大家都急得像热锅上的蚂蚁，没有方向的时候，他却超乎寻常的冷静。他总能在黑夜中捕捉到胜利的曙光，困难中指明解决问题的方向，他信奉拿破仑的一句话“最困难之时，就是离成功不远之日”。他不紧不慢地告诉大家：“遇到问题，把问题解决

团队在实验室开展试验，不断改进方案

就可以了。”淡定的目光和坚毅的眼神，流露出对技术的自信。短短的一句话，让原本有些慌乱的团队瞬间吃了一颗“定心丸”，这种必胜的信念迅速传递给团队每位成员，大家又齐心协力地开始了新一轮艰苦的“拉力赛”。

面对“连轴转”的紧张工作，孙长宏顶住压力，细上加细、严上加严，将每一项任务都策划得井井有条，问题一点一点解决，难点一个一个攻克。王佳兴博士负责长时间热防护设计，是此次攻关的难点。他全身心地投入在攻关任务上，在这个关键节点，家中幼子患过敏性哮喘要去医院住院，大家都看出了他的纠结与不安，团队成员刘晓丽站出来说：“现在团队攻关离不开你，我陪你爱人一起送小孩去医院，你安心工作……”正是依靠着这样团队配合和家庭支持，项目团队咬定“寸土必争”的信念，倾尽全力。806 所更是集全所之力给予团队鼎力支持，集中所内设计、工艺，调集外协单位现场办公，全程绿色通道，在不到一个月内完成了攻关。3 月 7 日，发动机点火试验一次成功，此次试验的成功为后面的比测顺利晋级打下了良好的基础。

曾经有一首老歌《阳光总在风雨后》，将这首歌送给这支团队，也送给正在所有拼搏奋斗、攻坚克难的航天人。“人生路上甜苦和喜忧，愿意与你分担所有，难免曾经跌倒和等候，要勇敢地抬头……”

（八院　张鹏 / 八院 806 所　费昱）

为火箭打造明亮的“眼睛”

“路漫漫其修远兮，吾将上下而求索。”两千多年前，屈原怀救国之志，为楚国的命运之路而上下求索；如今，一代代航天人怀报国初心，为航天强国使命而不懈奋斗。

从无到有，大平台百炼成钢

1969年，随着“701工程”的上马，风暴一号火箭的研制工作正式启动，其控制系统采用平台/计算机控制方案。平台是控制系统中的核心单机，常被喻为运载火箭的“眼睛”，可以感受火箭的实时速度、位置、姿态，很大程度上决定着火箭的入轨精度。

彼时，研究人员研制的是三轴气浮陀螺平台，即大平台，本体由158种零组件构成，其功能多、结构复杂、装配精度要求高，研制难度极大。

“记得当时，我们曾连续一个多星期夜以继日地工作。到夜里12点，实在累了，就用硬泡沫板往地上一铺稍事休息。随后继续通电试验。”曾经的系统设计组组长徐道平仍对当年的研制经历记忆犹新。

经过团队的共同努力与日夜奋战，1970年10月，终于生产出第一套可供装箭使用的大平台产品。

运载火箭产品的质量是否达到设计要求，需要在基地经受单机测试、系统联试、全箭测试等多种考验。

参与试验工作的老专家戚南强回忆道：“一年冬天，北风呼啸，同志们在零下二三十摄氏度的低温中，在高达四五十米的发射塔上操作。平台上有

小平台与大平台

七八根大电缆，都像冰冻的大带鱼一样，又硬又直，稍不留意，就会划伤手掌。”艰辛的付出却并未能换得大平台的一举成功，而是磨难重重。

1972 年开始，历经多次发射失败的苦涩，直到 1975 年 12 月 26 日，“风暴一号”发射终获成功，且卫星入轨精度符合设计要求。十六载研制攻关，大平台终百炼成钢。

从大到小，小平台功勋卓著

大平台体积大，质量重，在一定程度上制约了运载火箭有效载荷的增加。为此，研制团队下定决心要研制出小平台。

团队从 1977 年便开始对这一课题进行论证，十年磨一剑，于 1987 年交出了动调陀螺平台初样产品，即小平台，顺利通过了有关方面专家的评审。

“按当时国际通行的发射服务价格来计算，发射 1 千克有效载荷大约需要 1 万美元，应用小平台相当于节省了 100 多万美元啊！”负责小平台研发工作的技术专家袁光耀不无自豪地说道。

但火箭发射是一锤子买卖，不成功便是失败，谁敢一锤定音启用小平台？长征二号丁总设计师孙敬良展现出了无与伦比的魄力：“新的技术和产品就是要在实践的检验中崭露头角，我们就在长征二号丁上使用小平台。”

研制团队在对小平台试验数据进行判读

1994年7月3日，长征二号丁火箭首次在国内启用了小平台，火箭入轨精度高达2.7千米，小平台以完美的表现完成了它的首秀，自此，81发，发发成功！

2018年1月，小平台产品迎来了它的最后一次发射任务。此时的酒泉卫星发射中心气温低至零下20摄氏度，凛冽的寒风呼啸拍打着发射塔架，长征二号丁遥十三运载火箭静静地矗立在这里，小平台就安装在火箭顶部十层楼高的仪器舱里。

“这个‘小宝贝’对环境温度异常敏感，再冷也不能冻着它。”已参加了39次发射任务的房红笑着说道。没有测试工作时，她依然会来到发射塔架照看这个“宝贝”，并适时地给它加加温。小平台即将退役，她也即将退休。她饱含深情地说道：“我的职业生涯从平台开始，也将与平台一起结束。”

2018年2月2日，长征二号丁遥十三运载火箭发射取得圆满成功。小平台作为“功勋产品”，永远地留在了展览厅里，留在了人们的记忆中。

从小到精，光纤惯组勇挑大梁

当祖国的航天事业蓬勃发展，进入高密度发射新常态时，航天人再次敏锐地意识到了小平台的固有缺陷。它体积小，但还不够小；它精度高，但还不够高。更大的问题在于小平台自设计之初就是一个需要精雕细琢的作品，已不能够适应当前的高密度任务和高强度生产要求。

事实上，团队很早便已对标国外先进技术，开始了新一代惯性导航产

八院控制所光纤惯组产线

品——光纤惯组的预先研究。但随后行业的冰封期却冻住了光纤惯组的发展，光纤惯组的研究人员们只能看在眼里，急在心里。十年时间弹指一挥，直到我国新一代运载火箭正式立项，光纤惯组才再次迎来了春天。

“我们的技术储备还在，捡起来就不难。”从事光纤惯组研制的刘德文坚定地说道。2009 年至 2012 年，团队不断寻求技术突破，提升产品性能，并总结小平台产品研制经验，积极探索工艺改进，力求使光纤惯组不仅好用，而且更好生产。

2014 年，团队研制的光纤惯组在长征四号丙运载火箭上首次成功搭载；2015 年，更在新一代运载火箭长征六号上首飞成功，助力火箭精准入轨。

随着小平台的退役，如今的光纤惯组已独自挑起大梁。它也具备了很多“前辈们”所不具备的显著优点，如：测量范围宽，适用范围广；无转动件，可靠性高；性能可通过设计和设备保证，受装配等人为因素影响小，可批量生产。种种优点都使其适宜产业化应用，市场前景广阔。

“一代人有一代人的长征，一代人有一代人的担当。”习总书记的话语萦绕耳畔。一代又一代的航天人用探索的精神和持续的奋斗，为祖国献上了一代又一代更新、更精、更好的产品，共同逐梦在建设航天强国的路上。

（八院控制所　李柏杨）

为了航天梦，我们“敢”！

48 个拉杆箱，装满沉甸甸的材料，更装满八院人对这支队伍热切的企盼和祝福。步履轻盈的背后，是反复推敲后的自信。2018 年 3 月，作为八院战术领域首个竞标型号团队，他们首战告捷！自此，为八院领域开拓翻开了新的篇章。随后，6 月，该团队参加分系统竞标，再次告捷；8 月，该团队顺利通过总体技术方案评审，受到用户方高度肯定；9 月，顺利开展对接调试，全力备战年底“大考”……这支团队从没有停歇，他们一直在追逐梦想的路上。

敢拼搏！在夹缝中勇抢先机

当下，竞争性采购已成为常态化模式，2018 年年初，针对用户特色防御需求及竞标时间突然前移，在八院领导的指示下，八部紧急协调各方力量，吹响了竞标的集结号，一支跨部门、跨专业、跨地域的竞标团队迅速组成。

面对主要竞标对手在该领域内经营多年、成果在手以及用户需求一变再变的严峻形势，这支平均年龄不到 32 岁的竞标团队面临着极大的考验。多位行业专家说：“竞标对手样车已经做出来，你们现在连一张图纸也没有，要取胜太困难了。”

“竞标八院必须第一，新的领域我们不能丢！”竞标团队立下了军令状。仅 20 多天，竞标团队就完成了 10 余次产品优化设计，准备了 30 多万字的方案报告、45 项关键技术论证报告、440 余份支撑文件，组织模拟答辩近 10 次。为了新领域，八院人“敢拼搏”！

项目团队开展集中办公

2018年3月，在集团、院所领导的统领与直接参与下，八院在激烈的竞争角逐中勇夺第一，标志着八院成功抢占了某新领域！

敢担责！在困难下向肩头加压

该型号作为未来重点装备，指标要求均远高于国内外同类装备，涉及到多项技术难题。这些技术难题都是难啃的硬骨头，何况研制周期又短，竞标成功带来机遇的同时也带来了巨大的挑战。

“虽然早有准备，这个项目会很难，但没想到这么难。”总设计师蒋道民说，团队一共梳理出以五项重大关键技术为代表的23项关键技术，这些技术均没有现成的经验可以借鉴，很多技术全球尚未有过成功应用的案例。而团队除了少数几个核心人物外，很多都是工作不满5年的85后、甚至90后。新技术难度大、团队成员太年轻，型号压力不言而喻。

这时，团队中的航天“老战士们”挺身而出，主动承担多项关键技术攻关。这些同志大多参与了八院历代防空装备的研制，为了这个项目，他们再次踏上了新的征程，年轻人们纷纷称，“让我们看到了八院老一辈航天人那些年的光辉岁月”。

在航天老兵的带领下，各专业设计师采用联合攻关模式，突破多项国内首创技术，部分技术已达到国际先进水平。

敢创新！在高压下果断抉择

系统技术难度大、分系统协调事宜多、任务量繁重、进度安排紧，4个月的时间，如何将设计工作全部完成？热火朝天的7月，围绕该项目研发模式的大讨论在八部IPT会议室激烈展开。

吕、徐两位博士提出“按以往的研制方法，时间必定来不及，能否考虑采用新的设计方法”。新的设计方法是指在系统设计上采用基于模型驱动（MBSE）方法替代以往的文档设计，总体设计采用全数字化设计及下厂。这些设计方法以往只做过一些探索，从没有在型号装备上应用。

也有人表示，采用新的设计方法必定带来新风险，有可能走很多冤枉路，耽误进程，成败难辨。“不用怕！要改变肯定是更艰辛，思想观念转变是关键，开动脑筋找方法，大胆使用先进工具！”孙副院长大声说道。部党委书记则亲自统筹，指挥信息化团队全力保障。

按照协同设计要求，八部一室牵头十六室、十八室成立跨部门IPD团队，开展基于模型驱动的系统设计，仅用了4个多月就完成了从系统设计到软件代码的实现；八部六室率先开展总体全数字化设计，实现了总体设计“不打印一张图纸，全程数字化下发”的既定目标。

在高压下果断抉择，项目团队创造了八院装备协同设计和全三维设计的第一次！

项目团队开展软件联调

敢奉献！在艰苦中莫言苦

型号研制是一个复杂的系统工程，要发挥集体的智慧，项目成功离不开团队每一名成员的辛勤付出。面对型号技术难度大、研制进度紧张等困难，团队中每个人都把“确保型号成功”当成自己的首要使命，从来没有提到过个人困难。

作为型号“家长”，李总指挥带领大家熬过不少不眠之夜，白发也多了不少；高副主任嘴上记挂的总是“那些兄弟”，团队成员间兄弟姐妹般的感情在扩散，团结的力量也在凝聚和传承。

今年中秋，正处在系统技术状态确认的关键节点。在制定加班岗位时，“航天老法师”们总希望排班时间长一些，把休息时间留给青年人，用他们的话说“要留给青年人陪家人的时间，他们家里有小孩有父母，不容易”；解主任为了优化设计布局，一直工作到做手术之前；指火控软件设计师小张每次加班回家，他不到两岁的宝宝早已入睡；总体设计师小黄为了兼顾工作和照顾怀孕的妻子，晚上不吃饭也把工作干完再回家；大家口中的“小明”——电气设计师姜博士，已经数月没有休过周末……

青春的岁月，因梦想的倾注而熠熠发光，个人的理想，因家国使命的融入而慷慨激昂。追逐航天梦的路很长，但他们一直“敢”！

（八院　章晴晴）

三尺铣台写华章

李峰，男，1971 年 3 月生，航天科技集团九院 13 所精密制造第一事业部铣工二组副组长，特级技师，入选“集团公司技能人才队伍建设工作领域智库专家”，集团公司级技能大师工作室——“李峰技能大师工作室”负责人。先后荣获“全国技术能手”、国资委“中央企业技术能手”、集团公司“航天技能大奖”、中国航天基金会“中国航天基金奖”等称号和荣誉。先进事迹入选《国防邮电产业大国工匠风采录》、集团公司“匠心·初心”先进事迹报告会。

2016 年国庆节期间，由中宣部与全国总工会、中央电视台联合制作的八集新闻专题片《大国工匠》，在央视新闻频道、央视新闻客户端、央视新闻微博等主流媒体隆重播出。在第六集《大技贵精》中，李峰作为 13 所一线职工的典型代表，走进了全国人民的视野，其加工航天产品的高超技艺、精益求精的品质保证与不忘初心的执着情怀，令广大观众印象深刻。30 年，李峰通过自身努力，完成了从技校毕业生到“大国工匠”的完美蜕变。

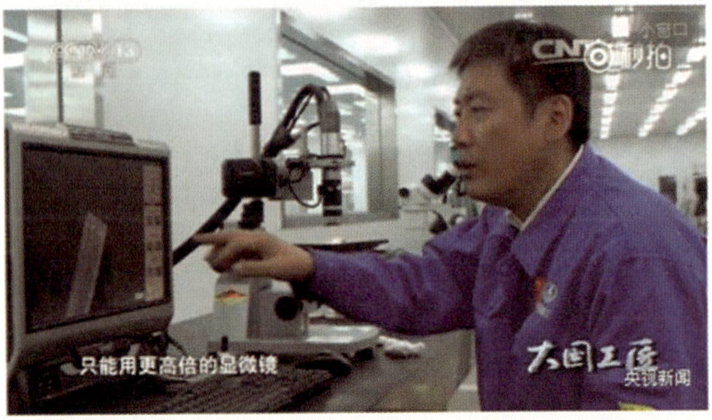

新闻宣传片《大国工匠》画面

为火箭的“眼睛”精雕细琢

从 1990 年参加工作至今，李峰只干过一个工种——铣工。他加工过很多奇形怪状的异形零件。每一次都是在攻坚克难，李峰却始终坚持做到精益求精。他常说：“加也是误差，减也是误差，只有零位是最好的地方。我达不到零对零，但一定要奔着那个方向做调整。”铣床的加工精度是 4 微米，但有的零件精度要达到 2 微米，李峰日常用的刀具，都是他凭借多年工作经验在 200 倍显微镜下细心打磨而成的。

惯性器件就像火箭的“眼睛”，具有测量火箭飞行方向、速度和所在位置的重要功能。李峰负责了多个重点型号任务惯性器件核心仪表的精铣加工工作，加工过程容不得有丝毫闪失。在加工中每减少工件 1 微米的变形，就能缩小火箭在太空中几千米的轨道误差。1 微米是个什么概念？大约是头发丝直径的七十分之一，这是目前人类机械加工技术都难以靠近的精度。

30 年坚守炼成一名好工人

从工作第一天起，李峰就立志要成为技术全面的好工人。

为了尽快提高加工水平，刚参加工作的李峰从工资里挤出钱买回一摞摞理论书籍，每日埋头钻研。业余时间别人或休息或娱乐，他却总是泡图书馆或是操作验证新加工方法。为弥补理论功底的欠缺，李峰利用业余时间进行机电工程专业的学习，三年间系统学习了机械加工原理、机械制造工艺学、模具制造、夹具设计等专业知识，为日后开展技术攻关奠定了坚实的理论基础。

航天型号产品的高可靠性至关重要。随着新型金属材料的应用、型号精度要求的日益提高以及零件结构复杂性不断增加，产品加工难度愈发加大。李峰潜心研究新型金属材料和复杂结构零件，积极在刀具角度和刀具材料上想办法，练就了“在普通铣床上实现精密加工精度”“根据产品需要刃磨精铣刀具”“复杂型面、螺旋线加工”等多项绝活，有效解决了生产瓶颈，提

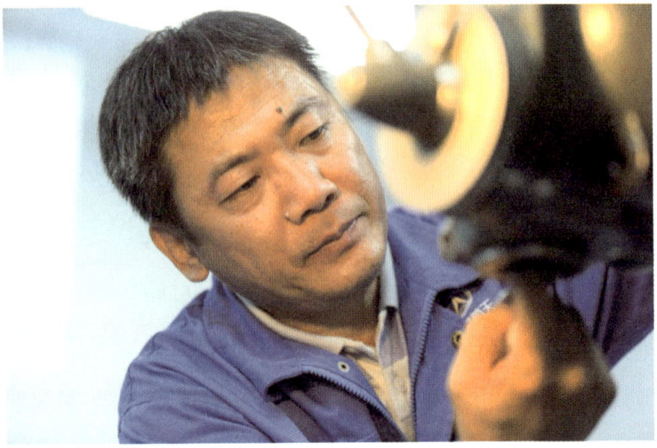

李峰在加工零件

高了产品加工质量和生产效率。

随着获得的荣誉越来越多，李峰的名气也越来越大，业内外多家单位向他开出了丰厚条件。但共产党员李峰不曾忘记自己“做一名航天超精密机械加工行业能工巧匠”的初心。他常说：“我在航天企业成长成才，踏实工作，就是我对党组织、对单位、对航天事业的最好回报。”

大家小家难兼顾

由于工作原因，李峰经常需要加班抢任务，临时性工作也较多，一年到头难有节假日。李峰的妻子独自扛起了家里的全部事情。全家出游，10 多年间只有一次。别人家的孩子都是心肝宝贝，可被李峰像宝贝捧在手里的却是自己加工出的产品。

对家人，李峰心里满是愧疚，总是默默弥补。他自学了按摩手法，一有休息时间就赶回家为父亲按摩，缓解老人家常常发作的腰疼。女儿参加高考时，他在头天晚上亲手做了饭，一边给女儿夹菜一边说：“爸爸相信你，自己的路一定要自己走。”李峰说，谁都爱自己的小家，可为了心中这份事业，企业这个“大家”的事，必须放在第一位。女儿小时候总是骄傲地对小伙伴们说：“我爸爸是干航天的，他是最棒的！”这句话，李峰一直记得。

30 多年来，航天“三大精神”早已深深印在李峰心底。他在三尺铣台上洒下了汗水，也实现着梦想。从技校毕业生成长为“大国工匠”，航天人李峰在人生之路上留下了一串笔直而又坚实的足迹。

（九院 13 所　所宣）

匠心独运 驰骋人生

“中央企业技术能手”“中央企业青年岗位能手”“航天技术能手”“北京市职工高级职业技术能手”“十一院青年岗位能手”，获得这些称号的是同一个人——十一院 2 所机加中心的数控铣工邢林贺。

执着深耕成为技能大师

邢林贺 2011 年参加工作，那时的他只是一个刚毕业的小学徒，但这个小学徒却有着自己的目标：成为专业领域内的技能大师。从虚心学习到勇于创新，从积累经验到尝试参加专业比赛，邢林贺自踏入这个行业起便没有懈怠过，他始终相信“机会只留给有准备的人”。

终于，机会在 2018 年秋天如约而至——邢林贺获得“第六届全国职工

2019 年，邢林贺被评为“技能大赛工种决赛优胜选手”时在人民大会堂参加领奖

职业技能大赛”的参赛资格。比赛任务艰巨，备战时间紧张。在备战的 20 天里，邢林贺一如既往好好工作，利用工作间隙和下班时间思考比赛试题，“那段时间睡前都要把试题想一遍，连做梦都跟试题相关。”邢林贺回想起当时的经历仍印象深刻，“其实压力挺大的，但对自己很有信心。”事实证明，真金不怕火炼，经过理论考试和 6 小时的实操加工比拼，邢林贺从众多选手中脱颖而出，获得了第四名的好成绩。“比赛不能靠临阵磨枪，感谢过去一步一步脚踏实地的自己。”邢林贺说。

突破局限把自己变成“内行”

上学时学的是二维软件编程，工作中遇到的是更复杂的三维编程。邢林贺给自己下了个死命令，半年内必须熟练掌握三维编程应用。请教单位编程“大拿”，观看网络教学视频，琢磨编程软件教材，参加各种相关培训……邢林贺抓住一切机会提升自己。

作为铣工组的副组长，邢林贺并没有满足完成本职工作，他对自己不懂和缺乏的知识更是用心。他利用工作之余学习工艺知识，结合自己的加工经验尝试不同的加工工艺，经常跟工艺员交流加工技术细节，虽然邢林贺是加工工艺的外行，但有时候“问题总能说到点子上”，也能从工艺角度提出建设性的意见。他说：“我现在需要从专业里跳出来，不能局限在里面，这样自己才能更上一层楼。”

邢林贺正在一丝不苟地研究复杂零件

邢林贺利用自己研究的工艺方法加工零件

迎难而上不达目的不罢休

机加中心承担着十一院各种实验模型、天平和其它零件的加工任务，加工使用的材料种类繁多，实验模型的尺寸、大小和重量都有严格的标准。随着科技的发展，零件加工的精度要求越来越高、难度越来越大，但每次面对困难，邢林贺从不退缩，对于复杂难加工的零件他都会主动请缨，不断地总结和不服输的性格让他解决了一个又一个复杂零件的加工。从彩虹系列无人机模型到国产大飞机 C9N9 模型，从中星 10 号船箭分离法兰到六自由度动平台机构，“这些复杂零件加工让我得到更多经验和技巧。”提起解决过的难题邢林贺很是兴奋，“真正的难题才能使自己进步”。

除了勇于攻克复杂零件加工难题，邢林贺还不断尝试创新，用他的一些“奇思妙想”解决加工中遇到的问题。他设计制作的专用工装既节约了设备刀具成本又提高了生产效率，为 AR-1 导弹相关零部件的批量生产提供了设备支持。他把正反面二次加工方式改为自上而下一次性环绕加工方式，提高了舵零件的加工效率和合格率。他研制出“Z”字形虎钳夹板，解决了薄板类零件固定后有空隙的难题。

“第六届全国职工职业技能大赛”第四名、“北京数控技能大赛”第三名、“第九届集团公司职业技能竞赛 SHATF 奖决赛”第五名、“北京市数控技能大赛”第十名……经过多次比赛洗礼后的邢林贺对自己的要求越来越高，他不要做“死板”的加工者，“加工不仅要有熟练的技能、丰富的经验，更要有开拓创新的精神，只有不断创新才能从固化的生产模式中解放出来，让生产变得高效。”他表示，自己要向很多优秀的航天前辈学习，希望成为对国家、对单位有用的人。如今，不断追求卓越的邢林贺正在他的岗位上用实际行动践行着他的诺言。

（十一院　尹丹）

用勇气和奉献兑现航天强国承诺

有这样一支队伍。

他们奋战在航天一线，用求真务实、敬业奉献的精神，承担着我国几乎全部武器型号的热防护试验任务，助推长征火箭、神舟飞船和嫦娥探测器遨游宇宙。

有这样一支队伍。

他们屹立在技术前沿，用勇于探索、敢于创新的精神，掌握了目前世界上全部6大类试验设备和3类试验技术，将我国热防护试验能力推向世界一流。

这就是十一院2所五室气动热研发团队——一个仅有60人，但获得过10次以上省部级科技进步奖的团队；一个连续多年总产值超过1亿元，全年累计加班超过30000小时的团队；一个在热防护试验领域中，用勇气和奉献向祖国兑现了航天强国承诺的团队。

杜善义、戚发轫、龙乐豪、张履谦四位院士与五室人员合影

艰辛勇敢 实现白手起家

团队由钱学森和庄逢甘于1963年创建，经历了白手起家、人才流失的艰辛创业。20世纪80年代，我国将主要精力放在了发展经济上，不知多少人通过下海经商成为富豪。而在那个时代，科研工作者却拿着微薄的工资，所以流传出这样一句话：造导弹的不如卖茶叶蛋的。

“那会儿科研经费拮据，试验设备寥寥无几，不少中青年都离开我院或转职到院里其他经济效益好的民品部门。”当时的团队带头人张嘉祥回忆道，“我们甚至以卖烧鸡的方式来勉强维持生计。”就是在这种情况下，仍有很多成员选择留下，他们奋战在一线，成为日后的科研骨干。因为当时团队中还流传着一句顺口溜：就是穷光蛋，也要拼命干！王洁霞在2所五室测试岗位上一干就是40年，她说：“尽管那段日子月工资只有七十来块钱，但我们从没失去希望。”

时光荏苒，国家对国防事业的投入逐年加大，团队也在从无到有、从有到多、从多到强的道路上艰辛而勇敢地前行。先后经历了“载人飞船”“探月工程”等几次重大设备建设和技术升级。2013年，“Φ1m电弧风洞”赢得国防科学技术进步奖一等奖就是对这些年坚持给予的最大褒奖。

自主创新 走上世界一流

2012年，为满足我国飞行器研制需求，十一院与国外某研究机构达成合作意向，准备引进对方的高频感应加热器。但没过多久，对方单方面终止合同，这使得十一院已经动工的项目几近瘫痪，前期基础设施投资面临打水漂的危险。

在这紧要关头，当时的团队带头人陈连忠毅然决定扛起这个千斤重任——独立自主研制高频感应加热器。接下这个任务就意味着要直面一切从零开始的现实和一道道技术难关。

陈海群作为高频感应加热器的技术负责人，在两年多的研制过程中日夜

设备运行人员在专注试验

奋战在办公室和施工现场，忙于工作的他经常不能按时吃饭，以至于落下了慢性胃肠炎的毛病。高频感应加热器点火成功的当天，陈海群说出了整个团队的心声：“外国人能干的事，我们中国人一样能干成！”

2015年，十一院拥有完全自主知识产权的高频感应加热器投入使用，性能大幅优于当初国外的设计指标，花费却不到当初购买预算的五分之一。

时至今日，十一院拥有亚洲最大直流电源供给系统，装机容量达到180兆瓦，相当于整个北京电网的百分之一；拥有世界最大功率的70兆瓦自由射流平台3座，50兆瓦电弧风洞2座，试验设备总功率位居世界首位；拥有管状、分段、交流、叠片、高频感应、磁等离子动力等加热器，是世界上唯一拥有全部6大类试验设备的科研机构。多年来，团队坚持自主创新，不断攻坚克难，助推十一院的热防护试验能力成为世界一流。

团结奉献 建设航天强国

2018年12月的一天下午，在50兆瓦电弧风洞的控制室内，清脆的铃声响过三遍，人群中掌声四起，团队成功完成了国内首例“模型尺寸1米量级、3000秒大功率防热结构考核试验”。大家相互拥抱，眼中都饱含热泪，回想试验任务经历的150余日，感慨良多。

一个月前的首次试验由于一根冷却水管位置偏移5毫米而失败，团队4个月的准备工作付之东流，成员在团队带头人欧东斌的带领下制定检查流

加热器的日常维护与检修

程，分析失败原因，改进试验方案，终于顺利完成第二次试验。

“万里江山千钧担，守业更比创业难。”如今“5毫米偏差”已成为对团队的激励，时刻提醒着每一位成员试验成功和数据有效是我们对工作最真诚的承诺。凭借科学高效的管理，团结奉献的精神，团队先后获得集团公司金牌班组、中央企业先进集体等荣誉称号，团队文化也入选集团公司能力建设案例，向国际一流气动热研发团队不断迈进。

（十一院　高贺）

十年甘守“冷板凳” 今朝携标闯世界

夜里9点，中国航天科技集团有限公司所属中国航天标准化与产品保证研究院（简称标准化院）元器件所的办公室还是灯火通明。元器件所宇航元器件标准体系（简称宇标体系）建设总师助理、副所长刘文宝正在埋头阅读文献资料，丝毫没有意识到时间的流逝。晚上9点以后下班，已是刘文宝多年工作的常态。

说起集团公司新评选出的劳模刘文宝，同事们个个都竖大拇指，“当之无愧，实至名归”。

刘文宝，人如其名，文质彬彬，抱宝怀珍。他质朴踏实，甘做航天大系统中的一颗小小“螺丝钉”，基础科研的“冷板凳”一坐就是10年；他是航天幕后人，帮助中国航天在世界航天标准舞台占据一席之地。

元器件所宇标体系建设总师助理、副所长刘文宝

别人眼中的"冷板凳"在他这里是心头好

2009年，刘文宝进入标准化院工作。他对科学技术研究有种天然的热爱，别人眼中的科研"冷板凳"，在他这里可是心头好。

此前一年，集团公司启动宇标体系建设，并首次设立宇标体系建设"两总"。作为技术总体单位，标准化院在"两总"的领导下，全面组织开展宇标体系建设。刘文宝就这样作为骨干人员承担起宇标体系建设的课题。

那时，我国航天事业发展迅猛，是否具有一套科学、协调配套、水平先进、具有自主知识产权的标准体系，决定了能否在国际航天标准化领域拥有发言权。

但是，与迫切需求相对应的是我国标准化建设的长期弱势，中国航天界正强烈呼唤一套属于自己的宇标体系。

刘文宝及其团队坚信，标准是研制出来的，是通过试验验证出来的。"我们负责保证元器件、产品的支撑性工作。如果说元器件是航天庞大系统的基础产品，那么标准就是基础的基础，根基打不牢，大厦建不高。"刘文宝说。

2013年，刘文宝及其团队完成309项标准建设和课题研究，仅他个人

刘文宝在实验室

就完成140余项影响着航天装备前沿的关键元器件标准建设。此前一人一年才完成三四项。经此一役，刘文宝在标准制定领域崭露头角。

“聪明人下笨功夫”

一个人，140余项标准，一年是怎么完成的？“聪明人下笨功夫”，是与刘文宝共事了十年的领导兼同事王敬贤对他的评价。

做调研、读文献、开会研讨、伏案写作……刘文宝几乎把全部时间都扑在工作上，常常工作到深夜，遇到忙的时候，还会熬个通宵。

那是2011年在北京会议中心，标准化院的前身708所第一次申请抗辐照课题。当天会议结束后，刘文宝和王敬贤要按照专家的意见对项目任务书进行修改。两人彻夜未眠，第二天直接带着改好的材料上会，顺利通过专家评审。

刘文宝至今记得自己的“孩子”第一次接受检验时的紧张感。标准一字千金，宇标体系第一批265项宇航元器件标准出炉，这代表着国家标准的最高水平，同时面临着急需立即投入应用的局面，要通过机关、研制单位、型号用户、保证机构、鉴定检测机构等各方面专家的考验。

“虽然紧张，但我们有信心。”正如刘文宝所说，团队吃透了技术原理、经过了试验验证，例证翔实、对答从容，最终得到了各方专家的认可。

2016年11月15日，我国宇航元器件领域第一项国际标准ISO18257《航天系统半导体集成电路设计要求》由国际标准化组织（ISO）正式发布，项目负责人正是刘文宝。

4年前，经过与美、俄、德、法等国专家多次沟通与协商，该项目于2012年7月正式在ISO注册立项。这4年，刘文宝先后参加7次国际会议，收集处理各国百余条意见建议并进行修改完善，终于让国际标准制定领域有了中国航天人的一席之地。

刘文宝见证了中国航天标准走向国际舞台的每一步。第一次出国他发现，中国代表不发言，只投弃权票；而现在，中国代表积极参与国际标准的制定，交流先进技术。“我们也会看到差距，并进一步追赶，外国人能做到的我们也能做到，甚至做得更好。”

传承航天三大精神，他是我们的榜样

刘文宝出生于山东省郯城县一个普通的农村家庭，“朴实的黄土地培育了我朴实的性格、耐劳的品格，勤劳的父母教会了我，一分耕耘一分收获。”

随着个人成长，刘文宝慢慢走上领导岗位。多年来，刘文宝打造了“宇航元器件标准体系建设”班组、元器件检测评价实验室、先进器件保证研究室这些“能吃苦、能战斗、能攻关、能奉献”的核心团队。

毕业找工作时，他曾差一点就出国了。一位在集团公司九院工作的师兄坚定了他的选择——“国外待遇是高，但你的追求是什么？想做事情，还是得来航天。”

“习总书记说不忘初心，我的初心是什么？我也会问自己，我的兴趣和志向都在这里。”“我们是做国防事业的人，国防值多少钱？全中国人的性命值多钱，国防就值多少钱。”刘文宝说。

（国际交流中心　代振莹）

扎根航天 记录航天 传播航天

伟大的时代呼唤精彩讲述，辉煌的航天事业需要有力传播。近年来，中国航天科技国际交流中心新闻事业部新媒体编辑部班组紧紧围绕载人航天、嫦娥探月、北斗导航、高分辨率对地观测系统、新一代运载火箭等中国航天重大工程任务，聚焦航天报国、航天强国的坚定步伐，关注航天人励精图治、报效祖国的崇高信仰，立足航天科技让生活美好的发展理念，刊发了大量传播力强、影响力大的优秀新媒体新闻宣传作品。

随着互联网技术的快速发展，班组全员不忘“耳目喉舌”的初心，牢记“铁肩担义”的使命，紧跟时代发展发布，加强新媒体平台建设，丰富多媒体宣传手段，不断完善集团公司新媒体矩阵。通过集团公司官网、官方微信账号、官方微博账号、官方抖音号、手机报等多种信息传播途径，快速、权威、专业、创新地讲好航天故事、传播航天正能量。

快速及时做最快的发声者和回应人

所谓新闻，即新近发生的事实。如今，信息技术发展日新月异，对新闻产品的时效性不断提出更高要求。处于信息传播的洪流中，媒体从业者必须第一时间利用自身的专业知识进行判断、回应，进而掌握信息传播的主动权，这就时刻考验着从业者的专业能力和敬业精神。

近年来，航天科技集团宇航型号任务数量增长迅速。2015 年 19 次、2016 年 22 次、2018 年 37 次，2019 年 27 次……每一次的火箭飞天，新媒体各平台的编辑人员都会提前策划、周密部署、提早制作，并于任务宣布成功后第一时

班组成员赴一线试验队采访

间推送消息，将喜讯发布。然而，由于任务窗口的特殊性，在夜里、在饭点、在休息日守在电脑前加班都是常有的事。编辑们除了要承受身体的劳累，更重要的是承担字字千钧的心理压力，在"不能出错"这一点上，重大新闻的发布和型号任务的要求是一样严格的。为了确保万无一失，班组内部建立了严格的三审三校制度，小组内部还建立了严格的互校制度，大家还针对易出错的细节建立了台账，不断总结，不断完善，确保"下一次做得更好"！

虽然常年无休、虽然压力山大，可每次看到朋友圈里大家"刷屏"式的转发、微博上读者踊跃的阅读量和点赞量，自己编辑的文档被人民日报、新华社等大号争先转发，编辑们都觉得自己的付出"值了"！大家常常笑称每次熬夜，就像"过年守岁"，每次点击信息发布按钮，就像按动火箭发射按钮的 01 岗。只有用超常的责任心守护集团的每一次发布，才能真正确保万无一失。这些年，新媒体编辑部虽然负责的平台账号数量不断增加，但是大家还是用高度的责任心，小心翼翼对待每一次推送，确保了各个平台的高质量运转。

权威负责做最可靠的信息源

对发出去的每一个字和说出去的每一句话负责任，这是"官字头"平台上每一名编辑的信条。身处集团官方发声窗口的特殊岗位，面对纷繁复杂的网络舆情环境，班组成员都深知自己的责任重大。每一个数据、每一个人名、每一个职务、每一条信息……永远务必要做到字字有求证、有依据、有来源。

2016 年 2 月，有网友发布微博称，“1996 年 2 月 15 日，中国长三乙火箭首飞失败，撞山爆炸，至少造成 500 人死亡，家属区荡然无存”。一时间网络舆论哗然，质疑声音甚嚣尘上。

对此，新媒体编辑部立即反应，快速行动，查阅 1996 年的《人民日报》《中国航天报》等材料，在集团公司党群部和相关单位领导的指导下，很快发布了一篇长约 400 字的官方声明，清晰交代了历史真相。推送一经发出，便引起广泛关注、阅读和转发，很好地扭转了此前的舆情方向，许多主流媒体也积极联动转发。网友们纷纷点赞集团官微：澄清及时，应对有力，展现了一个大国央企的良好形象和负责任态度。

专业深度做最独家的解读

2017 年 7 月 2 日长征五号火箭第二次发射失利后，长征五号遥三任务备受各界关注。2019 年 12 月，长五遥三背负众望再度启程，它的成功与否，将直接影响我国探月、探火等多项重大工程任务的实施。为了专业地展现长征五号火箭从失利走向成功的艰辛历程，新媒体编辑部历时两个月的策划、采访、编写、制作，推出了专题漫画、短视频、图文推送等个新闻宣传作品。

漫画的每一张图片、每一句文案，视频的每一帧画面、每一句口播，图文推送的每一篇预览……编辑都与相关领域专家负责人反复沟通、推敲，力求准确无误和深入浅出，在便于大众传播和具备专业深度之间寻求着最佳平衡点。专业，是我们区别于外媒的看家本事；专业，是我们对身处其中的这个行业的尊重。

《我们是谁？航天科技！》《我是胖五，我回来了！》《谁是长三甲》《我为什么选择航天》《1999，正常》……集团官微等平台的多篇十万 + 推送，不仅刷屏了航天圈，更走出了航天圈，一次又一次勾勒着大众对航天科技愈

班组成员在海南航天发射场进行新闻直播

加清晰的感知。嫦娥四号月背之旅、胖五加油、长征十一号火箭等微博话题内容，均在新浪微博上收获了千万级的阅读量。许多网友说，关注航天科技，有排面！

优秀忠诚，做组织最信任的队伍

央企、军工、国防……在这些特殊的词汇标签下，身为中国航天事业的宣传工作者，听党话、讲政治、严保密是全体班组成员一以贯之的最高行为准则。新媒体编辑班组共有 9 人，其中党员 4 人、团员 3 人、群众 2 人。班组成立以来，各个平台运营稳定，未发生过失泄密或重大质量事故。

班组持续深化队伍建设和作风建设，队伍稳定度好，人品素质齐整，对航天事业有很高的认可度和忠诚度，并形成了“紧张、活泼、创新”的团队文化。日常工作中，大家一条心，相互补台，每个人将自己的职责半径尽可能拓展，实现了“个人价值”和“组织价值”的共赢。

班组自成立以来，深耕精品内容，努力传播航天好声音、讲好航天故事，多次荣获集团公司、国资委、中央媒体、第三方数据平台等方面颁发的多个奖项。例如“中央企业最具影响力十大新媒体账号”“年度最具影响力中央

班组成员参加全国两会采访

企业新媒体”“中国企业最具影响力新媒体账号奖”“优秀原创策划奖”“政务公开优秀案例”……

身处于互联网＋的时代背景，伴随着航天大发展、大繁荣的重大机遇，新媒体编辑部班组未来还将承担更多、更新、更复杂、更重要的任务，这支年轻而专业的宣传队伍也将继续斗志昂扬、砥砺奋进，为营造集团良好舆论环境、打造大国央企形象、传承航天精神作出更多的贡献。

（国际交流中心　黄希）

坚守初心、锐意进取的航天人

1985 年，中国政府宣布长征火箭进入国际商业发射服务市场，老一代中国航天人在开放的大潮中勇于探索、积极开拓，成功地将长征火箭推向了国际市场。经过近 40 年的努力，“长城”不断壮大，但以市场为导向、以满足客户需求为目标、过硬的业务能力、勇于担当、坚韧不拔、不断创新、精诚团结的发射服务精神却始终是长城人的“初心”。以丁洁为代表的宇航工程部发射服务处，一个以“发射服务”命名的团队，是长城公司发射服务精神的传承者和坚守者，是坚守初心奋战在发射服务市场上的航天新一代。

航天发射服务精神的传承者

1990 年 4 月，亚洲一号卫星在西昌卫星发射中心成功发射。自此，长城公司发射服务业务一路披荆斩棘，有过 20 世纪 90 年代发射 26 颗美制卫星的辉煌，有过受美制裁所有合同不得不终止的凄凉，有过 7 次“欧洲化卫星 + 长征火箭”组合受市场欢迎突破美国限制的创新，也有过再受限制再被终止却依然不懈努力从未言弃的坚守。在近 40 年中，发射服务团队形成了一种精神力量，是勇挑重担、坚韧不拔，是开拓创新、攻坚克难，也是审时度势、精诚合作、力求突破。

随着中国航天的发展壮大，美国出于其战略考量，不断加严对中国航天的限制，使得具有高可靠性和性价比的长征火箭再度被迫退出国际商业发射服务市场。为保持长征火箭参与市场的声音，丁洁率领发射服务团队努力利

“长二丁”搭载发射阿根廷 Newsat-4/5 星和丹麦 Gomx4A/4B 星

用长征火箭国内任务的余量发射国外小卫星。这种搭载发射需发射服务团队付出比执行整星发射任务更大的心血，协调运载、协调主星、协调主用户、协调主管机关；确认技术可行、确认安全可靠、确认商务可行、确认工程合法性和必要性……一系列的繁琐工作，只为确保国外用户的小卫星能够成功按期完成搭载发射。在团队努力下，近年来长征火箭已先后为卢森堡、厄瓜多尔、土耳其、阿根廷、波兰、西班牙、加拿大等客户完成了小卫星搭载发射，成功保证了长征火箭在国际市场的参与度。其中阿根廷客户在数次搭载后更是与中国航天签署了整箭多发采购协议，进一步拓展了长征火箭的国际商业发射业务。

航天发射服务业务的专业团队

宇航工程部发射服务团队中，有在宇航发射服务领域默默耕耘奉献了几十年的老领导和老专家，他们是长城公司发展沿革的亲历者，经历了发射服务 30 多年的跌宕起伏，更精通业务开展所需的语言、技术、商务等市场开发和项目执行的每一个细节。发射服务团队要求人人成为语言技术双合格的商务专家，团队要能胜任航天发射服务智囊库这一角色。

虽然不是火箭、发射设施的设计者，又有不同的教育和职业背景，但每一名成员在团队中都要实现自己成为“业内人员”的突破；站在谈判桌前就要精通商务和市场规则；人人语言水平都能独当一面与客户进行沟通和草拟项目文件。在丁洁的带领下，发射服务团队秉承初心，在国外客户面前代表中国，在分包商面前代表长城公司，对事业的执着和敬畏深入每个团队成员的内心。

在 2018 年下半年的一次搭载发射任务中，由于前期工作的多渠道，丁洁发射服务团队接手时面临来自各方的很大压力。那段时间，丁洁经常工作到深夜，进行了大量协调工作。在凌晨 1 点多接到丁洁的文件及翻译稿后，与之对接的上级管理机关领导表示，这真的是一个敬业优秀的团队。经过认真专业的工作，丁洁团队在短时间内完成了所有协调工作，发射取得了圆满成功。丁洁的敬业与忘我，也影响和激励着团队中的每一个成员，团队成员成鑫在沙特发射服务项目中独当一面，为全心工作，在发射任务期间，将孩子托付给母亲照顾两个月，发射场方的领导感叹成鑫在国际合作方面如此专业和高效。团队成员杨强是一个内敛温和、永远为别人着想的小伙子，除主星任务外，已经完成了几十颗搭载项目合同签署、执行工作，所有工作有条不紊、周到细致。团队中最年轻的王齐，年轻向上的积极态度与团队文化高度契合，承担了团队信息收集整理、模板编写工作，为团队的高效专业提供了保障。

新时代商业航天品牌的铸造人

进入新时代，国务院号召和支持民营资本进入航天领域，国内民用商业航天如火如荼、蓬勃发展。在此形势下，发射服务团队勇于担当、敢为人先，开拓国际商业搭载发射项目的同时，积极投身国内商业航天，承担了国内项目市场开发和项目执行的全周期业务。

国内民营卫星公司尚属起步阶段，各方面发展未及成熟，发射服务团队以 30 多年国际商业发射服务项目管理的经验，为创业初始的客户提供了合规、可靠的专业搭载发射服务，从技术可行性初步分析，到发射服务合同谈判和签署，再到办理相关行政审批手续、办理发射许可，逐一为客户提供与国际项目管理接轨的解决方案，为规范国内商业发射服务项目的管理作出了

丁洁发射服务团队

卓越的贡献。自2016年11月以来，已累计完成11次国内商业搭载发射任务、将30颗民用载荷发射入轨，取得国内商业发射市场占有率近90%的骄人业绩。

发射服务团队没有躺在功劳簿上止步不前，而是持续钻研市场需求，适时推出“长征快车”这一发射服务品牌，提供包括搭载发射、整箭发射、集簇发射和组网发射在内的满足客户各类要求的发射服务业务种类。从小立方星、到50公斤级小卫星、再到百公斤级卫星，我国商业航天茁壮成长，长城发射服务业务也在这一形势下不断奋进。团队在“长征快车”这一品牌下创新地选择了长征六号火箭这一满足各方面商业航天需求的运载火箭，为客户提供集簇发射的“拼车”发射服务。一时之间反响强烈，客户需求纷至沓来。作为国内严格意义上首次“拼车”发射，“长六”团队和各个客户之间的接口困难重重、匹配不易。发射服务团队再次发挥强大的综合协调能力，一手抠技术、一手谈商务，使得项目真正做实，为运载和卫星各方团队带来双赢，铸造了新时代商业航天的长城品牌。

对外商业发射是中国航天国际化业务的起点，发射服务团队仍然保留和传承着20世纪80年代以来的长城文化、情怀和精神，不管形势如何严峻、不管市场如何变幻，初心不改、使命不移，始终为中国航天的国际化热切燃烧自己的所有能量，积极成长为坚忍不拔、积极可靠的发射服务力量。

（长城公司　周媛英 成鑫）